지배자의
입맛을
정복하다

지배자의
입맛을
정복하다

여섯 가지 음식으로 본
입맛의 역제국주의

남원상 지음

따비

차례

들어가면서

"요크York[1]의 역사는 곧 영국의 역사다."

영화 〈킹스 스피치〉의 실제 주인공인 영국의 말더듬이 왕 조지 6세는 이렇게 말했다. 그는 왕자 시절 요크 공작[2]이었으니, 작위의 본거지인 요크에 대한 애착이 남달랐을 것이다. 그렇다고 립 서비스로 한 말은 아니다. 영국 중부에 자리한 아기자기한 도시 요크는 로마 제국 병사들이 서기 71년에 요새를 세우면서 '에보라쿰 Eboracum'이라는 이름으로 역사에 등장했다. 로마인이 떠난 빈자리는 색슨, 바이킹, 노르만이 대신 채웠다. 주인이 바뀌어도 잉글랜드 북방의 정치·종교·문화·상공업을 책임진 중심지 역할에는 변함이 없었다. 시대를 관

1　잉글랜드 동북부 노스 요크셔North Yorkshire 지방의 소도시. 영국 중세 성당 중에서 최대 규모인 요크 민스터를 비롯해 14세기에 건립된 성벽 등 중세 건축물과 빅토리아 시대에 지어진 근대 건축물이 많이 남아 있어 관광도시로 유명하다.

2　영국 왕실에서는 전통적으로 차남(2순위 왕위 계승자)에게 '요크 공작duke of York' 칭호를 부여한다.

통하며 번성한 덕택에 고대·중세·근대의 매력이 고루 남은 곳이 요크다.

2016년 6월 아내와 영국을 돌아볼 때 요크에서 하룻밤 묵은 적이 있다. 짧은 일정이기는 했지만 14세기에 지어진 성벽 위 길을 따라 구도시 외곽을 한 바퀴 돌아보고, 14~15세기에 조성된 샴블스Shambles 거리도 구경하면서 중세 영국 분위기를 만끽했다. 근대 문화는 먹는 것으로 체험했다. '베티스 카페 티룸Bettys Café Tea Rooms'이라는 찻집에서 홍차에 과자를 곁들이는 영국 전통 식문화 '애프터눈 티afternoon tea'를 맛보았다. 영국 추리물 마니아라면 잘 알 것이다. 20세기 초를 배경으로 한 드라마 〈명탐정 포와로Agatha Christie's Poirot〉나 〈미스 마플 Agatha Christie's Marple〉에는 주인공들이 찻집에 앉아 고상하게 애프터눈 티를 즐기며 사건의 실마리를 풀어나가는 장면이 심심찮게 나오니까.

근대에 상업도시로 활기를 띠었던 요크에서는 사교 문화가 발달함에 따라 애프터눈 티가 크게 유행했다. 과연 시내 곳곳에는 오래된 찻집이 즐비했고, 유명한 가게 앞에는 긴 줄이 늘어서 있었다. 우리가 간 '베티스 카페 티룸'은 요크 말고도 스톤게이트, 노샐러턴 등 인근 도시에 6개 지점이 있는데, '베티스'는 1919년 문을 열어 100년 넘게 이어져온 기업이다. 창업자는 영국인이 아닌 스위스 제과사 프리츠 뷔처Friz Bützer. 1907년에 당대 최고의 경제 대국이었던 영국으로 건너온 이민자였다. 처음엔 영어 한마디 할 줄 모르는 무일푼 신세였지만, 초콜릿의 나라 스위스 출신답게 이내 쇼콜라티에로 명성을 얻었다. 실력을 인정받은 그는 셋방 주인의 딸과 결혼했고, 장모가 된 셋방 주인의 도움으로 번듯한 과자점을 차렸다. 그렇게 일과 사랑 모두 '브리티시 드림'을 이뤘다는 해피엔딩 스토리.

그 가게가 오늘날 '베티스 카페 티룸'으로 이어졌다. 우리가 주문한 애프터눈 티는 값이 꽤 비쌌지만 양은 충실했다. 3단 트레이에 앙증맞은 크기의 산딸기 파이며 마카롱, 슈, 초콜릿 무스 케이크, 스콘, 샌드위치 등이 담겨 나왔다. 여기에 애피타이저로 컵에 담긴 칵테일 새우가 나왔고, 간단한 식사용으로 미트파이 한 조각과 연어 롤이 곁들여졌다. 풍성하고 화려한 모양새에 비해 음식 맛은 평범했지만, 홍차는 향긋했다. 평소에 홍차를 즐기는 편이 아닌데도 한 모금 마시자마자 매료됐다. 기름지고 텁텁한 영국 음식에 지친 탓인지 입안과 위장이 말끔하게 정화되면서 정신까지 맑아지는 기분이었다.

애프터눈 티 하면 트레이에 놓인 파이나 스콘, 케이크 따위를 먼저 떠올리게 마련이지만, 이들은 어디까지나 홍차의 향을 돋우기 위한 도우미들이다. 애프터눈 티

베티스 카페 티룸.
전통성을 강조하기 위해 개업 당시 분위기를 간직하고 있다.

의 주인공은 (명칭에서도 알 수 있듯이) 바로 홍차다. 사실 애프터눈 티에 간식을 곁들이기 시작한 것은 19세기 중반 빅토리아 시대로, 그리 오래된 전통이 아니다. 반면 홍차가 영국에 들어온 시기는 그보다 약 200년 앞선 1650년대다.[3] 당시 네덜란드 상인을 통해 들여온 중국산 찻잎을 우려 마신 것이 영국 차 문화의 시작이었다. 처음엔 값이 워낙 비싸 상류층만 향유할 수 있었지만, 차 무역을 독점한 영국의 동인도회사가 수입량을 대폭 늘리면서 차는 점차 누구나 마실 수 있는 음료로 자리 잡았다. 우리가 세계사 시간에 서양 열강의 제국주의를 촉발시켰다고 배운 바로 그 악명 높은 회사가 영국인의 일상에 홍차를 정착시킨 것이다. 이 과정에서 홍차는 영국 정부가 제국주의 침략을 본격화하는 데 도화선 역할을 했다.

해상 무역을 통해 먼 중국에서 수입해 온 찻잎 향에 영국인들이 푹 빠지면서 영국 내 홍차 소비량은 가파르게 치솟았다. 동인도회사와 영국 정부는 어마어마한 수익을 안겨주는 홍차 독점 무역을 위해 무슨 짓이든 마다하지 않았다. 아편전쟁이 대표적이다. 19세기 들어 동인

---

3 Julia Skinner, «Afternoon Tea: A History», Rowman & Littlefield, 2019.

도회사는 구하기 힘든 은銀 대신 인도산 아편을 찻잎 대금으로 치렀다. 아편 중독자가 급증하자 위기를 감지한 청나라는 아편 밀수를 금지시켰다. 이 조치에 반발해 영국이 1840년에 일으킨 것이 아편전쟁이다. 홍차를 싼값에 마시겠다고 정부가 앞장서서 마약을 수출할 권리를 당당히 내세우며 침략하다니, 뻔뻔하기 짝이 없다. 200년 가까이 지난 지금까지도 이 전쟁이 역사상 최악의 비윤리적 전쟁으로 꼽히는 이유다.

이뿐만이 아니다. 영국 동인도회사는 수입량을 대폭 늘리기 위해 아예 차를 직접 생산할 방안을 강구한다. 문제는 청나라가 차 종자 반출을 엄격히 금하는 한편 차 재배 기술도 극비로 삼았다는 것. 이에 동인도회사는 청에 파견할 산업 스파이를 고용했다. 스코틀랜드 출신 식물학자 로버트 포춘Robert Fortune이었다. 포춘은 중국에 잠입해 차 재배 기술만이 아니라 차 종자까지 훔쳐 1848년 동인도회사에 전달한다. 동인도회사는 이를 기반 삼아 당시 식민 지배 중이었던 인도 곳곳에서 차 재배를 시도했다. 처음에는 난항을 겪었지만, 다르질링Darjeeling, 아삼Assam, 실론Ceylon 등 몇몇 지역에서 차를 재배하는 데 성공했다.[4] 이들 지역에서는 차가 플랜테

---

4 Sarah Rose, ≪For All the Tea in China: How England Stole the

이션 방식을 통해 재배됐고, 인도인들은 강제 동원되어 노예처럼 착취당했다. 결이 다르기는 해도 1775년 미국 독립전쟁이 발발한 계기 역시 '보스턴 차 사건'[5]이었으니, 오늘날 애프터눈 티로 즐기는 우아한 홍차의 뒷맛에는 우악한 폭력의 역사가 도사리고 있는 셈이다.

어디 홍차뿐이랴. 제국주의는 식재료와 떼려야 뗄 수 없는 관계다. 유럽인들의 식탐에서 비롯됐다고 해도 과언이 아니다. 제국주의 하면 흔히 정치적인 문제를 떠올리게 마련이지만, 사실 그 근원은 경제에 있다. 대항해 시대로 촉발된 15세기 유럽 제국주의의 목표는 후추 수입이었다. 당시 유럽인들의 식단은 건조하고 냉랭한 기후 탓에 곡물 생산량이 부족해 육류에 대한 의존도가 높았다. 지금과 같은 냉장시설이 없었던 시대이니 고기의 신선도는 대체로 형편없었다. 역한 누린내가 진동했다. 이 냄새를 잡아주는 귀한 향신료가 바로 후추였다. 금에 버금갈 만큼 값비싼 후추를 대량으로 손에 넣기 위해 원산지인 인도를 침탈하면서 제국주의의 비극이 시작

World's Favorite Drink and Changed History», Viking, 2010.

5   1773년 영국이 미국 식민지 상인들의 차 무역을 금지시키고 동인도회사에 독점권을 부여하자, 이에 반발한 보스턴 시민들이 아메리카 원주민으로 분장해 항구에 정박한 동인도회사의 차 무역선 2척을 습격한 사건.

됐다. 일본 식물학자 이나가키 히데히로는 이를 가리켜 "모든 것은 '후추' 때문이었다. 아니, 좀 더 정확히 말하자면 후추를 향한 인간의 '검은 욕망'에서 시작되었다"고 표현하기도 했다.[6]

맛을 향한 서양인들의 욕망은 거기서 그치지 않았다. 갖가지 향신료에서부터 설탕, 앞서 언급한 홍차까지 탐닉했다. 유럽 내에서는 많은 약소국이 오스트리아 제국이나 러시아 제국 등 주변 강대국의 속국으로 전락해 착취에 시달렸다. 이들 약소국에서는 농산물을 생산하곤 했다. 이처럼 각종 식료품을 저비용 고효율로 획득하려는 과정에서 노예제와 식민 지배가 확산됐다. 그러면서 다른 나라, 다른 민족을 강압적으로 정복해 통치하며 토지와 노동력을 수탈하는 근대 제국주의가 정착했다. 먹거리에 대한 제국주의자들의 집착이 사그라진 건, 교통이 발달함에 따라 유통이 수월해지고 농업 대신 광공업이 산업의 중심으로 자리 잡은 이후였다.

그런데 제국주의가 (명목상으로) 종식된 지 한참 지난 2000년, 세계 홍차 시장을 발칵 뒤집어놓은 대사건이 일어난다. 인도의 타타그룹[7]이 영국 홍차 기업인 테틀

---

6 이나가키 히데히로, 《세계사를 바꾼 13가지 식물》, 서수지 옮김, 사람과나무사이, 2018.

7 영국 식민지 시절인 1868년 작은 섬유회사로 출발한 타타그

리Tetley를 인수한 것. 테틀리는 차 시장에서 세계 2위를 차지하고 있었다. 타타그룹 계열사인 타타 티Tata Tea(현 타타 글로벌 베버리지)는 테틀리를 품고 단숨에 세계 차 시장의 강자로 떠올랐다. 이는 영국의 식민 통치하에서 홍차 때문에 가혹한 고통을 감내했던 인도 역사와 맞물려 세계적인 관심을 모았다. 더욱이 테틀리는 1837년 설립된, 영국 홍차 문화를 대표하는 전통적인 브랜드 중 하나였으니 영국인들이 받은 충격이 오죽했을까(한국으로 치면 종갓집 김치가 중국 기업에 넘어간 셈이다). 여파가 얼마나 대단했던지 그로부터 8년이 지난 뒤에도 미국 경제지 《포브스Forbes》가 이 인수를 다시금 다룬다. 인도 기업이 영국·미국 경제를 잠식하고 있다는 내용의 기사에 한 사례로 언급된 것인데(이 무렵 타타그룹은 미국 자동차 브랜드 재규어와 랜드로버를 인수하기에 이른다), 《포브스》는 이를 가리켜 '역제국주의reverse imperialism'라고 표현했다. 기사 제목도 '역제국주의의 사례A Case of Reverse Imperialism'였다.

물론 '역제국주의'라는 말이 이때 처음 등장한 것은

룹은 이후 사업 범위를 확장해 철강, 전기, 화학, 항공, 자동차, 시멘트, 식품, 유통 등 25종류에 이르는 다양한 산업에 진출했다. 2000년대 들어 공격적인 인수·합병으로 몸집을 크게 불리며 인도 재벌을 넘어 글로벌 그룹이 됐다.

아니다. 서양 역사학계에서는 고대 로마 제국이 그리스 문화에 잠식당한 상황을 이렇게 표현한 바 있다. 로마는 그리스를 무력으로 굴복시켰지만, 그리스의 문학, 철학, 심지어는 신화까지도 고스란히 받아들였다. 정신적으로나 문화적으로는 오히려 정복당한 것이나 다름없다.[8] 냉전이 진행 중이던 1960년대 미국에서는 제3세계 국가들이 미국과 소련 사이에서 벌인 외교 저울질을 두고 역제국주의라며 우려하는 목소리가 나오기도 했다. 미국과 함께 자본주의 진영에 합류한 영국, 프랑스 등 과거 제국주의 열강들이 옛 식민지였던 아시아, 아프리카, 중남미 국가들의 눈치를 보는 역현상이 벌어졌기 때문이다. 1980년대에는 서구 선진국의 경제적 지위가 신흥 개발도상국의 성장에 위협받자 이 말이 다시 언급된다.

그런가 하면 1996년 영문학계에서도 역제국주의라는 표현이 등장한다. 바로 에밀리 브론테의 《폭풍의 언덕 Wuthering Heights》에 역제국주의가 반영되어 있다는 주장이다.[9] 이 작품에서 주인공 히스클리프는 피부가 까무잡잡해 집시 같은 이방인 고아로 묘사된다. 언쇼 가문

---

8 Susan E. Alcock 외 4인, 《Empires: Perspectives from Archaeology and History》, Cambridge University Press, 2001.

9 Susan Meyer, 《Imperialism at Home: Race and Victorian Women's Fiction》, Cornell University Press, 1996.

에 들어온 그는, 백인인 주인집 아들 힌들리에게서 미움을 받으며 착취와 학대에 시달린다. 히스클리프는 힌들리의 여동생 캐서린을 향한 사랑으로 고통을 견뎌내지만, 캐서린이 같은 백인 집안의 에드거와 약혼하자 배신감에 사로잡혀 종적을 감춘다. 이후 부자가 되어 '폭풍의 언덕'에 돌아온 히스클리프는 자신에게 상처 입힌 이들을 차례로 파멸시킨다.

미국 웰즐리Wellesley 대학 교수 수전 메이어Susan Meyer는 힌들리가 히스클리프를 학대하는 것은 당시 대영제국의 백인이 식민지 유색인종을 핍박한 제국주의 현실을 상징하며, 히스클리프의 복수는 역제국주의를 상징한다고 분석한다. 아울러 작품 속 역제국주의는, 제국주의 악행의 가해자인 영국인들 마음 한구석에 내재된 두려움을 반영한 것이라는 설명도 덧붙인다. 히스클리프에 대한 묘사가 보여주듯이, 언젠가 자신들보다 강해진 피지배 민족에게 역습당할 수 있음을 두려워한다는 견해였다. 이런 시각에서 본다면 막강한 자금력을 내세워 세계 경제에 우뚝 선 인도 타타그룹의 테틀리 인수와 재력가로 성공해 돌아온 히스클리프의 복수극에는 상통하는 면이 있다.

어쨌든 이런 맥락에서 사용되어온 역제국주의라는 말에서는 어쩐지 통쾌함이 느껴진다. 이성적으로 인지

하는 사전적 정의와는 별개로 말이다. 톰과 제리처럼, 약자가 강자를 농락하는 모습이 연상된다고나 할까. 이는 물론 우리가 제국주의 침략의 희생양이었던 한반도에 살고 있다는 사실과 무관하지 않을 것이다. 같은 단어를 보면서도 제국주의의 장본인이었던 나라 사람들에게는 두려움이 더 크게 느껴질 수 있겠다. 하지만 이 역제국주의라는 단어는 (영미권에서 이 단어에 작은따옴표를 붙이는 데서 보듯) 널리 쓰이거나 자주 언급되는 말이 아니다. 'reverse imperialism'은 브리태니커 백과사전이나 옥스퍼드 사전, 메리엄웹스터 사전에 아직 등재되어 있지 않다. 반면 제국주의는 어떨까. 이건 익숙한 단어다. 사전에도 있거니와 정계, 학계, 언론계를 막론하고 어디서나 자주 언급된다. 오랜 세월 동안 (가해자든 피해자든) 제국주의 역사를 거친 국가나 민족이 수두룩하기 때문일까. 하지만 제국주의를 꼭 물리적인 침략에서만 볼 수 있는 건 아니다. '문화 제국주의cultural imperialism'라는 말이 있듯이, 자본력을 갖춘 강대국의 영화, 드라마, 애니메이션, 음악, 문학 등이 상대적으로 낙후된 지역으로 흘러들어가 경제적·정신적 종속을 야기하곤 한다. 그리스 문화에 흡수된 로마 제국의 사례가 이례적인 것이지, 강자의 문화가 약자의 문화로 유입되는 것이 순리다.

그런데 이런 순리에 '역逆'하는 분야가 있다. 바로 음식이다. 식문화에서만큼은 역제국주의가 그리 낯설지 않다. 피정복자의 음식이 오히려 정복자의 식탁을 점령해 외식업계나 가정식의 트렌드를 바꾼 역사는 쉽게 찾아볼 수 있다. 심지어 서슬 퍼런 강압 통치하에서 타 인종과 이민족 문화에 대한 무시, 편견, 차별이 난무하던 와중에도 그랬다. 맛의 힘이 그만큼 위력적이라는 사실을 입증하는 것이다.

물론 식문화에서도 역제국주의보다 제국주의 사례를 찾는 편이 더 쉬워 보이기는 한다. 팍스 아메리카나의 영향으로 맥도널드 햄버거와 코카콜라가 전 세계 식문화에 침투한 상황을 가리키는 '음식 제국주의culinary imperialism'라는 말이 곧잘 쓰이는 데서 보듯이, 경제력이든 무력이든 우월한 위치에 놓인 국가·민족의 식문화 전파는 흔히 찾아볼 수 있다. 이들의 식탁은 세련되고 풍요로운 이미지 덕택에 동경심을 불러일으키곤 한다. 식재료 공급이나 유통 측면에서 유리한 입지를 차지하고 있다는 점도 유행을 선도하는 데 한몫한다. 이런 식문화 전파 사례는 한국에서도 찾아볼 수 있다. 일제강점기 동안 한식은 일식의 영향을 받았다. (맵고 짠 남도 음식을 제외하면) 전통적인 한식은 담백하면서도 구수한 맛을 선호했다. 재료 본연의 향과 식감을 즐겼다. 그런데 일본으로부터 감칠맛과 단맛이 넘어왔다. 지금은 '미원'이라고 하는 아지노모토가 대표적인 예다. 장시간 발효하지 않고 대량생산으로 뚝딱 만들어진 왜간장이 재래식 조선간장을 대체하게 된 것도 마찬가지다. 일제 강점이 끝난 지 수십 년이 지났음에도 한번 바뀐 입맛은 이전으로 돌아가지 못했다.

이 책은 그 반대 경우인 '음식 역제국주의'에 주목한다. 역제국주의라는 말이 다소 거창하게 들릴 수 있는데, 여기서는 이 개념을 복잡다단한 정치·외교적 역학 관계나 경제적 의미로까지 확대하지 않을 것이다. 빼앗은 것이냐, 빼앗긴 것이냐 하는 논쟁 역시 잠시 접어둘 것이다. 맛의 매력, 그 매력으로 말미암은 전파 과정에만 초점을 두려 한다. 사실 음식이 지역을 넘나드는 것은 흔한 일이다. 맛있는 음식은 모름지기 이웃 나라는 물론이고 (이민이나 교역을 통해) 먼 나라까지 이식되곤 한다. 그렇지만 여기서 다루려는 것은 일반적인 먹거리 교류사가 아니다. 제국주의라는 불행한 '접촉'을 통해 발생한, 국가나 민족 간의 식문화 전파 과정이다. 그 중에서도 속국이 된 나라와 민족의 음식이 침략자들에게 역방향으로 흘러들어간 사연에 초점을 맞추어, 이를 음식 역제국주의라 보았다. 세련된 이미지나 선진화된 공급 및 유통 시스템이 아닌, 오로지 탁월한 맛의 힘으로 정복자의 식탁 위에 오른 '민족 음식' 이야기를 하려는 것이다.

역제국주의를 일으킨 민족 음식은 피지배 국가나 민족의 하층민이 즐겨 먹던 싸구려 먹거리에서 출발했다는 공통점을 띤다. 이 '비천한' 음식들 중에는 지배 국가의 새로운 환경에 들어가 진화를 거듭하며 원형과 다른 길을 걷게 된 경우가 많다. 일부는 제국의 상류층이 즐기는 사치스런 별미로 재탄생했다. 제국의 다른 식민지들, 혹은 압제와 빈곤을 피해 멀리 달아난 이주자들을 통해 세계 각지로 확산된 사례도 있다. 심지어 민족 정체성과 결부된 일부 민족 음식은 지배 국가의 식탁을 너무 깊숙이 침투한 나머지 서로 원조를 자처하며 치열한 '종주국 논쟁'까지 일으켰다. 지금부터 시작하려는 건 닮은 듯 서로 다른 자초지종을 지닌 여섯 가지 민족 음식 이야기다. 역제국주의의 어감이 그러하듯, 이들 음식이 콧대 높은 지배자의 입맛을 사로잡은 사연에서는 묘한 통쾌함이 느껴진다. 무엇보다 이 음식들은 맛있다. 맛있는 음식 이야기는 또한 맛있게 마련이다.

쿠스쿠스,
마그레브에서
프랑스로

"이건 뭐야? 날치 알이야?"

"아니, 쿠스쿠스."

"쿠스쿠스? 그게 뭔데? 생선 알이야?"

"아니, 파스타랑 비슷한 거야. 이건 밀가루를 손으로 비벼서 만들어."

"밀가루로 만든다고? 신기하네. 오독오독 씹히는 게 꼭 날치 알 같은데."

친척 결혼식에서 어머니와 나눈 대화다. 결혼식 피로연에서는 근사한 프랑스 코스 요리가 제공됐는데, 애피타이저로 새우와 관자 세비체ceviche[1]에 쿠스쿠스가 곁들여져 나왔다. 세비체의 해산물 향과 새콤한 풍미가 밑에 깔린 쿠스쿠스까지 내려가니, 좁쌀 모양의 이 밀가루 음식이 어머니에게는 날치 알처럼 여겨진 듯하다. 얘기를 듣고 보니 노란빛을 띠고 식감도 꼬독꼬독한 게 생선

---

1 페루 전통음식으로, 얇게 썬 해산물을 레몬즙이나 라임즙에 재워 차갑게 먹는다.

알이 연상되기는 했다.

설명을 덧붙이자면, 쿠스쿠스는 듀럼밀durum wheat(듀럼은 딱딱하다는 뜻의 라틴어다)을 빻은 밀가루인 세몰리나semolina로 만든다. 듀럼밀은 딱딱하고 글루텐 함량이 높은 경질밀이다. 경질밀 특성상 세몰리나는 연한 노란색을 띠며 입자가 거칠다. 밀가루 하면 희고 입자가 고운 가루를 떠올리게 마련인데, 한국에서 흔히 볼 수 있는 밀가루는 연질밀을 갈아 만든 것이라 그렇다. 같은 밀이라도 식감과 성질이 달라 연질밀로는 부드러운 빵을, 경질밀로는 쫄깃한 파스타를 만들곤 한다.

쿠스쿠스는 이 세몰리나에 따뜻한 소금물을 넣고 반죽한 뒤 손으로 일일이 비벼가며 좁쌀 크기로 동글동글하게 모양을 잡은 다음 건조시켜 만든다. 가루를 뭉쳐 작은 낱알로 만들어야 하니 손이 많이 가는데, 요즘은 이것도 대량생산이 된다. 밀가루 반죽을 가공한 탄수화물 식재료라는 점에서 파스타의 일종으로 취급받기도 하지만 조리하는 방법이 다르다. 파스타는 삶아 먹는 반면 쿠스쿠스는 쪄 먹는다.

쿠스쿠스로 만든 다양한 음식 역시 쿠스쿠스라 부른다. 고기를 곁들이면 고기 쿠스쿠스, 생선을 곁들이면 생선 쿠스쿠스, 샐러드로 먹을 때는 쿠스쿠스 샐러드가 되는 식이다. 앞서 프랑스 코스 요리에 애피타이저로 나

왔던 것처럼, 쿠스쿠스는 프랑스 요리 재료로 곧잘 활용된다. 미슐랭 3스타를 둘러싼 도쿄 프렌치 셰프들의 솜씨 경쟁을 다룬 일본 드라마 〈그랑 메종 도쿄グランメゾン東京〉에도 쿠스쿠스 요리가 등장한다. 주인공 오바나 나쓰키는 거만하고 고집불통이지만 실력만큼은 최고인 요리사로 나온다. 여주인공은 성실하고 끈기 있는 하야미 린코. 이 두 사람이 도쿄에 프렌치 레스토랑을 열어 미슐랭 3스타를 따겠다며 오바나의 옛 동료들을 찾아다닌다. 그러던 중 오바나는 오랜 친구인 교노 리쿠타로를 초대해 프랑스 가정식 '쿠스쿠스 아라메종couscous à la maison'을 대접한다. 고기 스튜를 곁들인 쿠스쿠스로, 오바나와 교노가 프랑스 유학 시절 나눠 먹은 추억의 음식이다.

하야미: (한 입 먹고 감탄하면서) 음~ 잡내가 조금 나는 것 같기는 한데. 유자 같은 걸 넣어보면 어때?

오바나: 오, 우리의 추억을 방해하지 마.

하야미: 뭐? 그래도 이건 아니스라든가 카다멈 같은 향신료를 넣어서 마늘이랑 고기 부용bouillon[2]으로 맛을 내는 토마토 요리잖아. 분명히 유자랑 잘 어울릴 것 같은

---

2 프랑스어로 고기나 채소 등을 삶아 만드는 국물을 뜻한다.

데?

교노: 여자라면 그럴지도 모르겠는데, 저는…….

오바나: (말을 가로채며) 남자한테는 (고기 냄새가) 이 정도로 확 오는 게 좋아.

하야미: 그건 둘 다 젊었으니까 그런 거지. 지금은 당신도 유자 넣은 게 좋을 거야, 분명히. 그리고 일본에서 먹는다고 치면, 쿠스쿠스 대신 쌀밥을 쓰는 편이 더…….

오바나: (어림없다는 듯 비웃으며) 말할 가치도 없어.

여기서 쿠스쿠스에 대해 짐작할 수 있는 사실이 두 가지 있다. 우선 쿠스쿠스는 쌀밥 같은 역할을 한다는 점. 이 장면에서 세 사람이 먹는 요리를 보면, (마치 카레처럼) 널따란 접시 한쪽에 쿠스쿠스가 얹어져 있고, 다른 한쪽에 고기 스튜가 담겨 있다. 등장인물들은 쿠스쿠스에 하리사harissa를 살짝 얹어 스튜와 함께 먹는다. 꼭 밥에 국이나 반찬을 곁들이는 것처럼 말이다. 하야미가 "쿠스쿠스 대신 쌀밥을 쓰는 편이"라고 말하는 데서도 그런 점을 유추할 수 있다.

또 한 가지 사실은 쿠스쿠스가 정통 프랑스 요리의 식재료처럼 여겨지고 있다는 것이다. 일본인 입맛에 맞게 쿠스쿠스 대신 쌀밥을 쓰는 편이 좋겠다는 말에 오바나가 비웃으며 무시하는 이유가 여기에 있다. 일본식 밥에

고추와 향신료를 갈아 만든 북아프리카 지역의 매운 소스, 하리사.

프랑스 요리라는 조합은, 콧대 높은 프렌치 셰프인 그로서는 용납할 수 없는 것이다. 하지만 오바나가 간과한 것이 하나 있다. 쿠스쿠스는 프랑스 고유의 식재료가 아니라는 사실이다. 프렌치 셰프의 자존심 때문이든 정통을 고집하기 위해서든 프랑스 요리에 일본식 쌀밥을 곁들이는 게 "말할 가치도 없"는 일이라면 쿠스쿠스 역시 고려해봐야 한다. 이 재밌는 모양과 식감을 가진 밀가루 알갱이는 원래 북아프리카 마그레브Maghreb 지역의 향토 식재료니까.

11세기에 건설된 베르베르인의 요새 도시 아이트벤하두.

모로코, 알제리, 튀니지 등 지중해에 인접한 북아프리카의 서부 일대를 일컫는 마그레브는 아랍어로 '해가 지는 곳' 즉 '서방'을 뜻하는 말이다. 이 지역이 이슬람 문화권에서 서쪽에 위치해 이렇게 불린다. 지역적 범위를 좀 더 넓게 잡으면 리비아와 모리타니까지 들어가는데, 역사적으로는 약 700년간 아랍의 지배를 받아 무어인[3]의 문화적 자취가 많이 남아 있는 스페인과 포르투

---

3 7세기 이후 북서 아프리카와 이베리아 반도(스페인, 포르투

갈을 포함시키기도 한다. 아랍권의 서방인 마그레브가 있다면 동방에 속한 나라들도 있을 텐데, 이는 마시리크 Mashriq라 한다.[4]

마그레브에는 지리상 서쪽이라는 의미만이 아니라 민족적·문화적 개념도 반영되어 있다. 7세기 들어 아

갈)를 지배한 아랍인을 칭하는 단어.

4 마시리크에는 이집트, 수단, 사우디아라비아, 예멘, 오만, 쿠웨이트, 아랍에미리트, 이스라엘, 요르단, 레바논, 시리아, 이라크 등이 포함된다.

랍인이 침략하기 전까지 이 지역은 토착민 '베르베르인 Berbers'의 땅이었다. 베르베르란 그리스어나 라틴어를 쓰지 않는다는 뜻에서 비롯된 말이다. 고대 그리스인, 로마인들이 이집트 서쪽에 사는 사람들은 알아듣지 못할 말로 떠든다며 그 발음이 꼭 '베르베르'('쏼라쏼라' 같은 말로 번역할 수 있겠다)하는 것처럼 들린나고 하여 이런 이름을 붙여버렸다. 영어로 '야만인'을 뜻하는 바바리안barbarian과 어원이 같으니, 베르베르에는 멸시의 의미가 담겨 있는 셈이다. 베르베르인들은 스스로를 아마지그Amazigh(단수형), 이마지겐Imazighen(복수형)이라 부른다. 이 단어에는 베르베르와는 정반대로 '고귀한 사람' 혹은 '자유로운 사람'이라는 긍정적인 의미가 담겨 있다. 마그레브는 이들 베르베르인의 거주지이자 문화권을 (완전히 일치하지는 않아도) 가리키기도 한다.

베르베르인은 단일 민족이 아니다. 이들의 조상은 농경도 했지만 상당수가 유목민이었다. 북아프리카의 넓은 지역에 부족 단위로 흩어져 살았다. 피부색만 봐도 검은색부터 밝은 갈색까지 다양하다. 외모에서부터 '우리는 하나'라고 인식하기 어려운 것이다. 동쪽에서 중동의 무슬림이 침략해 온 7세기 이후로는 (험준한 아틀란스 산맥에 거주하는 부족들을 제외하면) 아랍인과 뒤섞여 민족 정체성이 더욱 흐릿해졌다. 베르베르어를 구사하는 인구는 모로코와 알제리에 각각 800만여 명 남은 것으로 알려져 있는데(전 국민이 아랍화된 튀니지에서는 찾기 힘들 정도라고), 그마저도 서로 소통이 어려울 정도로 사투리가 심하다고 한다. 풍습 역시 지역별로 차이가 크다. 이 때문인지 마그레브에 속한 나라들은 사이가 썩 좋지 않다. 특히 모로코와 알제리는 1976년 불거진 서부 사하라 문제[5]로 전쟁을 벌인 이후 크고 작은 충돌을 거듭했다. 모로코가 1994년 마라케시의 한 호텔에서 발생한 테러의 배후로 알제리를 의심하자, 알제리는 모로코와 마주한 국경을 폐쇄하기까지 했다. 그로부터 20년이 지나서도 두 나라의 경계 지역에서 총격 사건이 벌어지는 등 긴장은 여전한 상황이며, 무역도 거의 중단된 상태다. 알제리와 튀니지 역시 국경 분쟁으로 첨예한 갈등을 겪었다. 아랍민족주의 세력이 장악한 알제리가 튀니지의 친서방 외교 노선에 태클을 건 것도 마찰 요인이 됐다.

그런데 이처럼 험악한 사이인 이들 국가를 하나로 묶어주는 공통분모가 있다. 바로 쿠스쿠스다.

---

5 1976년 서부 사하라는 스페인의 식민 통치에서 벗어난 뒤 분할돼 모로코와 모리타니에 편입됐다. 이에 반발한 일부 주민들이 무력 투쟁에 나섰고, 알제리가 이를 지원하자 모로코와 알제리 간 전쟁으로 이어졌다.

쿠스쿠스는 마그레브의 토착 민족인 베르베르인의 전통음식이기에 베르베르인의 피를 물려받은 모로코, 알제리, 튀니지 사람들에게는 국민 음식으로 통한다. 튀니지의 독립 운동가이자 초대 대통령인 하비브 부르기바Habib Bourguiba는 마그레브와 마시리크의 지역적 구분에 대해 "탄수화물 주식으로 쌀밥 대신 쿠스쿠스를 먹는 곳부터 마그레브"라며, 경계의 시작점으로 리비아 북동부에 위치한 항구도시 데르나Derna를 지목하기도 했다.[6] 알제리에서는 쿠스쿠스를 탐ta'am이라 부르기도 하는데, 이는 아랍어로 '먹을거리'라는 뜻이다. 알제리인에게는 쿠스쿠스가 음식이라는 단어와 상통할 정도로 주식인 셈이다. 한국인이 "밥 먹었냐?"고 물을 때 '밥'이 쌀밥만이 아니라 매 끼니의 모든 먹을거리를 가리키는 것과 같은 이치다.

물론 지역별로 쿠스쿠스 재료나 만드는 방식에는 차이가 있다. 마그레브를 동서로 가로지르는 아틀라스 산악 지대에서는 세몰리나 대신 도토리가루나 보릿가루를 쓰기도 한다. 옥수숫가루로 만든 쿠스쿠스도 있다. 음식으로서의 쿠스쿠스 조리법은 훨씬 다양하다. 일반

---

6 Phillip C. Naylor, 《North Africa, Revised Edition: A History from Antiquity to the Present》, University of Texas Press, 2015.

적으로는 양고기와 닭고기가 자주 활용되지만 쇠고기, 생선, 토끼, 메추라기, 비둘기 등 각 지방 산물에 따라 다채로운 식재료가 쓰인다. 사하라 사막 일대에서는 낙타로 요리하기도 하며, 고기 없이 채소만 넣은 쿠스쿠스도 있다. 유서 깊은 민족 음식답게 지역 차원이 아니라 집집이 고유한 조리법이 전해질 정도다.

국가별로도 맛이 달라진다. 이들 나라를 동시에 여행한다면 조금씩 달라지는 쿠스쿠스를 비교하는 재미가 쏠쏠할 듯하다. 모로코에서는 육류나 어류, 채소에 사프란, 생강, 계피, 강황 등의 향신료를 넣어 만든 전통 스튜 타진tajine[7]을 쿠스쿠스에 얹어 먹는다. 양파, 건포도, 꿀, 향신료 등을 볶은 음식인 트파야Tfaya를 곁들여 먹기도 한다. 알제리 쿠스쿠스는 순무, 호박, 당근, 콩 등 갖은 채소를 풍성하게 올려 시각적으로 푸짐하다. 다른 나라에 비해 향신료를 적게 쓰는 편이지만 맵다. 한편 튀니지에서는 토마토 페이스트를 넣어 붉은빛을 띠는 걸쭉한 쿠스쿠스를 즐겨 먹는데, 매운맛을 선호해서 고추를 듬뿍 넣는다. 식탁에는 매콤한 하리사를 따로 올려 입맛에 따라 더 맵게 먹을 수도 있다. 북쪽과 동쪽에 펼쳐진

---

7 타진에는 두 가지 뜻이 있는데, 마그레브 지역 고유의 원뿔형 조리 기구를 가리키기도 하고, 타진으로 만든 찜 요리를 가리키기도 한다.

지중해의 풍요로운 어장 덕분에 생선 쿠스쿠스나 해산물 쿠스쿠스가 다양한 것도 특징이다.

이들 마그레브 이웃 국가는 서로 사이도 나쁘고 쿠스쿠스 맛도 다르지만, 바로 이 쿠스쿠스 때문에 손을 맞잡은 적이 있다. 2019년 3월 모로코, 알제리, 튀니지, 모리타니 등 4개국이 유네스코 세계 무형문화유산에 쿠스쿠스 공동 등재를 신청하기로 합의한 것이다. 이 소식은 큰 관심을 모았는데, 2016년 알제리가 독단적으로 유네스코 세계유산 신청을 추진하다 마그레브 내에서 '쿠스쿠스 종주국 전쟁'을 일으킨 바 있기 때문이다. 알제리의 발표가 나온 직후 모로코가 반발했고, 튀니지 역시 "진짜 원조는 우리"라고 주장하고 나서면서 국가 간 갈등이 깊어졌다. 결국 네 나라가 공동 등재에 합의함으로써 쿠스쿠스는 평화를 되찾았다. 당시 조후르 알라우이 Zohour Alaoui 주住유네스코 모로코 대사는 이에 대해 "북아프리카 4개국이 공동 신청을 목표로 함께 모인 건 처음"이라며 의미를 부여했다. 가지 게라이리 Ghazi Gherairi 주住유네스코 튀니지 대사 역시 트위터에 "쿠스쿠스, 북아프리카 통합의 기폭제"라는 글을 남겼다. 그는 합의문에 서명한 4개국 대사들이 서로 손을 맞잡고 찍은 사진을 게시하면서 "마그레브 만세 Vive le Maghreb"라고 환호하기도 했다. 이만하면 '핑퐁 외교'[8]나 '크리켓 외교'[9]

에 견줄 만한 '쿠스쿠스 외교'라 할 수 있겠다.

쿠스쿠스를 가장 맛있게 먹는 법

쿠스쿠스를 취재하던 중 정통 쿠스쿠스의 참맛을 경험할 기회가 생겼다. 서울 이태원의 주한 모로코 대사관저에서 열리는 디너 파티에 초대받은 것이다. 샤픽 라샤디 Chafik Rachadi 대사 부부가 주최하는 대사관 직원의 승진 축하 파티였다. 모로코인들의 만찬 필수 메뉴인 쿠스쿠스가 주연으로 테이블에 오른다고 했다.

식사는 아랍 전통 양식으로 꾸며진 널찍한 응접실에 뷔페식으로 마련됐다. 평소 맛보기 힘든 모로코 전통음식들이 나란히 놓여 있었다. 그중 큼직한 흰색 타진이 시선을 끌었다. 뚜껑을 열자 봉곳이 쌓인 연한 노란빛 쿠스쿠스가 모습을 드러냈다. 봉우리에는 병아리콩, 양배추, 대추야자, 단호박 등을 올리고 향신료 소스를 살짝 끼얹었다. 아래쪽은 당근, 호박 등의 채소 조각

---

8 냉전과 한국전쟁으로 미국과 중국의 관계가 경색된 가운데, 닉슨 행정부와 마오쩌둥 정권이 1971년 미국 탁구선수단의 중국 방문을 성사시켜 외교적 개선의 계기를 마련한 것.

9 앙숙 관계인 인도와 파키스탄의 지도자가 2005년, 2011년 크리켓 경기를 함께 관람하며 평화 무드를 만들었던 것.

들을 둘렀다. 풍성한 모양새가 먹음직스럽다. 쿠스쿠스에 곁들일 다른 타진 요리들 역시 화려하다. 수제 올리브를 곁들인 타진 마스랄라maslala(쇠고기찜), 타진 드자즈Djaj(닭고기찜), 타진 사마크samak(생선찜) 등이 준비됐다. 타진 말고도 해산물을 넣은 파스티야pastilla(모로코식 춘권), 닭고기와 아몬드를 넣은 파스티야, 연어와 시금치로 소를 채운 트라필라타 알 브론조trafilata al bronzo[10] 등 형형색색의 전통음식이 놓였다.

접시에 쿠스쿠스를 담으려는데 라샤디 대사가 다가왔다. "쿠스쿠스를 가장 맛있게 먹는 방법을 알려줄게요"라면서 맨 가운데, 안쪽 깊숙한 곳의 쿠스쿠스 알갱이들을 손수 떠준다. 소스가 적당히 배어들고 따끈해서 풍미가 가장 좋단다. 그는 이어 양배추, 병아리콩 등도 정중앙에서 소스를 충분히 머금은 것들로 골라 덜어주었다. 과연 그가 말한 대로 안쪽에서 끄집어내 김이 모락모락 나는 쿠스쿠스는 구수하고 향긋했다. 여기에 갖은 타진을 더하니 금상첨화다.

호기심에 골고루 덜어온 모로코 음식들은 대부분 처음 먹어보는 것이었는데도 전부 입맛에 맞았다. 특히 타진 마스랄라는 갈비찜과 비슷했는데, 육질이 보드랍고

---

10 가운데 공간이 넓은 원통이나 소라 모양의 파스타.

양념이 향긋해서 쿠스쿠스에 반찬 삼아 먹기에 제격이었다. 치즈 소스를 곁들인 트라필라타 알 브론조는 짭조름하면서도 고소한 게 별미다. 뱃속에 여유가 있는 한 몇 개라도 더 먹을 수 있을 듯했다. 관저의 전속 주방장이 TV 요리 경연 프로그램인 〈마스터셰프 모로코〉[11] 출신이라는데, 확실히 손맛이 대단했다.

식사를 하면서 대사관 직원들에게서 쿠스쿠스에 관한 이야기를 들었다. 모로코에서 쿠스쿠스는 주식이라기보다는 '금요일의 음식'이라고 한다. 금요일 오후에 예배를 마친 뒤 가족, 친지들과 함께 저녁 만찬으로 먹는다는 것이다. 그러고 보니 이날 대사관저에서 열린 파티도 금요일 밤에 열렸다. 이처럼 경사스러운 일이 생겨 다 같이 모이는 날이나 명절, 생일, 결혼식 등 기념일이면 어김없이 쿠스쿠스를 먹으면서 기쁨을 나눈다. 때문에 쿠스쿠스는 모로코 사람들에게 사랑이나 행복 같은 포근한 것을 연상케 하는 음식이라고. 아울러 모로코 쿠스쿠스는 다른 마그레브 국가들에 비해 양념을 연하게 해 본연의 담백한 맛을 즐기도록 하는 게 차이점이라는 얘기도 나왔다.

저녁식사가 마무리된 후에는 디저트 타임이 이어

---

11 1990년부터 방영된 영국 BBC의 요리 경연 리얼리티 쇼.

(위) 갈비찜과 비슷한 맛의 타진 마스랄라.
(아래) 모로코 전통 빵인 코브즈khobz.

(위) 아몬드로 고소한 맛을 강조한 모로코식 춘권, 닭고기 파스티야.
(아래) 트라필라타 알 브론조.

졌다. 후식도 뷔페식이다. 과일을 올린 판나코타panna cotta,[12] 모로코식 푸딩 등 여러 가지가 나왔는데, 많이 달지 않고 향이 살아 있었다. 손님들이 디저트 접시를 어느 정도 비우자 이번엔 민트 티가 나왔다. 민트 티는 모로코 만찬에 종점을 찍는 중요한 음료다. 그래서인지 셰프가 직접 주전자를 들고 나와 손님들이 보는 앞에서 일일이 컵에 따라줬다. 한 모금 들이켜니 화한 박하향이 입안을 깔끔하게 정리해준다. 그런데 단맛의 향유는 끝난 게 아니었다. 민트 티에 곁들일 과자가 나왔다. 달달한 편이지만 그 정도가 은은해서 부담스럽지 않아 좋았다.

위장 용량이 슬슬 한계에 달했는데, 옆에 앉아 있던 랄라 힌드 이드히씨 부르한부르Lalla Hind Idrissi Bourhanbour 서기관이 "아무리 배불러도 이건 꼭 먹어야 한다"며 과자 상자를 건넨다. 알록달록 참 예쁘게도 생긴 만두 모양의 과자가 한가득 담겨 있다. 코르네 드 가젤Cornes de Gazelle(가젤의 뿔)이라는 모로코 전통 과자란다. 아몬드 가루와 설탕 등을 반죽해 만든 것인데, 색깔마다 장미 잼이나 과일 잼 등 서로 다른 잼이 들어 있

---

12 생크림, 설탕, 바닐라, 젤라틴 등의 재료로 만든 이탈리아식 푸딩.

다. 이 또한 별천지의 맛이다. 마카롱처럼 쫀득한 식감에 아몬드의 고소함과 잼의 향긋함이 어우러져 씹을수록 행복해진다.

직접 맛보니 모로코 식문화가 맛과 향, 색채, 식감 등 다방면에서 호화롭다는 점을 확인할 수 있었다. 기후와 지형의 다양성 덕분이다. 인구(약 3,500만 명)는 한국보다 적지만, 면적은 한국의 7배가 넘는 나라다. 남북으로 길게 뻗은 모로코에는 지중해성 기후, 대륙성 기후, 사막 기후가 공존한다. 파도가 넘실대는 푸른 바다에서부터 초목이 우거진 초록빛 평원, 모래와 바위로 가득한 황색 사막,[13] 눈 내린 하얀 산지까지 전부 볼 수 있다. 대서양 해안에서는 올리브, 오렌지, 포도 등 지중해성 농작물이 재배되고, 강수량이 충분한 북서 지역에서는 밀, 보리 등 곡물이 잘 자란다. 아틀라스 산맥의 고산 지대는 고랭지 농업이 발달했다. 서쪽에는 대서양이, 북동쪽에는 지중해가 있어 해산물도 풍부하다. 그런가 하면 역사적으로는 주변의 여러 민족과 문화를 공유하며 새로운 조리법이 계속 탄생했다. 모로코의 아랍어 약칭은 '알 마그립(서쪽)'인데, 아랍권 서쪽 지역인 마그레브 중

---

13 모로코의 사하라 사막에서는 모래보다 암석을 더 쉽게 볼 수 있다. 때문에 암석사막이라고도 하며, 현지에서는 하마다 Hamada라 불린다.

모로코 전통 디저트. 민트 티에 달콤하고 고소한 과자를 곁들인다.

1장 / 쿠스쿠스, 마그레브에서 프랑스로

(위) 모로코 전통 식전 과자. 견과류가 듬뿍 들어 있던 식전 과자는 입맛을 돋우기 위해 먹는 만큼 고소하고 짭짤한 맛이 강했다.
(아래) 마카롱과 비슷한 식감에 다채로운 향이 매력적인 코르네 드 가젤.

에서도 가장 서편에 위치한 점을 반영한 이름이다. 이러한 입지적 특징은 토착민 베르베르인이 북쪽의 유럽인, 동쪽의 아랍인, 남쪽의 아프리카인들과 교류하거나 어울려 살며 다채로운 식문화가 발달하는 토대가 됐다.

한편 한국과는 지리적으로 먼 곳에 위치해 상대적으로 왕래가 적은 편이지만, 예부터 좋은 관계를 유지해왔다. 라샤디 대사는 "한국인은 전쟁 폐허를 세계 경제 12위(GDP 기준)의 나라로 만든 사람들"이라며 "외교관으로서 배울 점이 많다"고 말했다. "모로코 가정집에서는 TV, 에어컨, 냉장고 등 한국산 가전제품을 쉽게 볼 수 있습니다. 갤럭시 휴대폰도 많이들 쓰죠. 요즘은 한국 드라마나 K-POP을 좋아하는 젊은이들도 많아요. 한국의 유명 자동차 부품 회사가 탕헤르에 공장을 설립하는 등 한국 기업들의 모로코 투자도 이뤄지고 있고요. 이렇게 사람과 사람이 만나고, 문화를 공유하고, 앞으로 직항까지 개통되면 양국 교류가 더욱 활성화되리라 기대합니다."

파티가 끝난 뒤 귀가하면서 다음 여행지는 모로코로 정했다. 대사와 대화를 나누며 모로코에 대한 호기심이 높아지기도 했지만, 이날 먹은 모로코 쿠스쿠스며 각종 타진이며 전통 과자 맛이 자꾸 생각나는 통에 식도락 여행을 가지 않고서는 못 배기겠다.

대부분의 전통음식이 그렇듯 쿠스쿠스도 누가 언제 어떻게 먹기 시작했는지 기록상으로 정확하게 남은 자료가 없다. 고고학계에서 고대부터 전해진 베르베르인의 음식이라는 추정을 내놓았을 뿐이다. 기원전 3세기경 누미디아Numidia[14]를 지배한 마시니사Massinisa 왕의 무덤에서 쿠스쿠스를 만들 때 쓴 것으로 추정되는 토기와 석기가 발굴된 것을 근거로 든다. 쿠스쿠스의 어원이 '잘 굴린'이나 '동그랗게 모양 잡은'이라는 뜻의 베르베르어 '세크수seksu'라는 점도 베르베르 유래설에 힘을 싣는다.

물론 반론도 만만치 않다. 《로스앤젤레스 타임스》의 푸드 칼럼니스트 찰스 페리Charles Perry는 8~9세기에야 지금과 같은 쿠스쿠스가 개발됐다고 말한다. 그는 7세기에 마그레브를 침략한 아랍인이 듀럼밀을 전래한 점을 근거로 들었다. 이 밖에 중세 사하라 남부 지역의 수단 제국Sudanic empires 기원설, 동아프리카 기원설 등이 제기된다. 심지어 스페인 기원설도 있다. 문헌상 쿠스쿠

---

14 마시니사 왕이 베르베르계 유목민의 여러 부족을 통일해 세운 고대 왕국. 영토는 현재의 튀니지와 알제리의 지중해 연안 지역에 걸쳐 있었으며, 로마제국의 속국이 됐다.

스가 처음 등장한 것이 13세기 아랍 왕국의 스페인에서
이기 때문이다. 당시 이 지역 무어인들이 작성한 두 권
의 요리책에 등장했는데, 그중 무르시아Murcia[15]의 미식
가 이븐 라진 알 투이비Ibn Razin al-Tujibi가 집필한 조리
서[16]에는 세몰리나로 쿠스쿠스를 만드는 과정이 소개되

---

15 스페인 동남부의 도시.
16 《식탁과 최상의 음식이 주는 기쁨Fadalat al-Khiwan fi Tayyibat
    al-Ta'am wa'l-Alwan》. 1239~1265년에 작성된 것으로 추정된다.
    알 안달루스(오늘날의 이베리아 반도에 걸쳐 있던 중세 무슬

어 있다. 시인으로도 이름을 날렸던 그는 낱알만 하게 뭉친 쿠스쿠스를 '개미 머리 크기'라고 묘사했다.

무어인은 이슬람교로 개종한 토착민 베르베르인과 중동에서 온 아랍인의 혼혈 민족이다. 이들이 8세기 초 이베리아 반도 점령을 주도했으니, 베르베르인의 음식 쿠스쿠스도 지브롤터 해협을 함께 건너갔던 게 아닐까

림 국가)와 베르베르의 441가지 음식 조리법을 기록한 요리 책이다.

싶다. 아랍 세력은 1492년 이베리아 반도에서 물러났지만, 당시 식문화는 여전히 남아 오늘날의 스페인과 포르투갈 사람들 역시 다양한 쿠스쿠스 요리를 즐긴다. 대항해시대에 포르투갈의 식민지가 된 브라질도 마찬가지다. 스페인은 15세기에 벌어진 참혹한 종교재판[17] 와중에 쿠스쿠스를 이교도 음식으로 규정하고 금지시키기까지 한 바 있다. 그럼에도 그 독특한 풍미에는 독실한 신앙심조차 당해내지 못했던 모양이다. 음식에 무슨 죄가 있다고 그렇게까지 모질게 했나 싶은데, 교리가 엄격하기로 둘째가라면 서러운 예수회Societas Iesu가 스페인을 장악했던 당시에는 꽤 심각했다. 스페인 중부 및 남부 지방의 대표 요리인 미가스Migas[18]가 당시 쿠스쿠스에 대한 종교 박해를 피해서 만들어진 대체 음식이라는 설이 있을 정도다.[19]

마그레브에서 동쪽으로 한참 떨어진 시리아에서도

---

17 15세기 무어인의 영향에서 벗어난 스페인의 가톨릭 신자들이 1478년 종교재판소를 세워 이교도를 무자비하게 탄압한 사건.
18 '부스러기'라는 뜻으로, 딱딱하게 굳은 빵을 물에 불린 뒤 마늘, 피망 등과 함께 기름에 볶아 잘게 부스러뜨려서 먹는 요리다.
19 Ken Albala, 《Food Cultures of the World Encyclopedia》, ABC-CLIO, 2011.

이미 13세기 요리책에 쿠스쿠스 조리법이 네 종류나 소개됐다. 그중 하나가 '마그리비안Maghribian'이라는 이름의 쿠스쿠스인데, 이는 '마그레브 스타일'이라는 뜻이다. 중동에서도 쿠스쿠스가 마그레브 향토 음식이라는 사실을 인지하고 있었다는 얘기다. 오랜 전통이 이어져 오늘날에도 시리아, 터키, 이집트, 이라크 등 마시리크 국가에서는 쿠스쿠스를 즐겨 먹는다. 마그레브에서처럼 주식이나 국민 음식까지는 아니더라도 흔히들 먹는다. 내가 쿠스쿠스를 처음 접한 곳도 이집트다. 2007년 나일강을 따라 알렉산드리아에서 아스완까지 남북을 횡단하며 여행할 때인데, 호텔 조식 뷔페마다 쿠스쿠스가 있어 밥 대신 실컷 먹고 다녔다.

유럽에 속한 이탈리아 남부의 시칠리아 섬 역시 오래전부터 쿠스쿠스 요리가 발달한 곳이다. 무어인이 827년 시칠리아를 점령하고 이슬람 왕국을 세워 1130년까지 지배했기 때문이다. 스페인이나 포르투갈이 그렇듯이, 이때 유입된 쿠스쿠스 식문화가 지금까지 이어져온 것이다. 시칠리아에서는 매해 열흘간 쿠스쿠스 축제도 열린다. 세계 각국의 쿠스쿠스 요리사들이 모여 경연을 벌이고, 방문객이 수만 명에 이를 정도로 규모가 크다. 마그레브의 쿠스쿠스가 시칠리아에서도 향토 음식처럼 자리 잡은 것이다. 섬에서 무어인이 사라진 지 한참 지난 16세기의 이탈리아 요리책[20]에 쿠스쿠스 조리법이 소개될 정도였으니, 그 옛날에도 인기가 대단했음을 짐작할 수 있다. '수쿠수Succussu'라는 이름 아래로 다음과 같은 상세한 설명이 이어진다.

수쿠수라 불리는, 다양한 다른 재료를 곁들인 단단한 밀 음식을 무어인 스타일로 준비하기

악취가 나지 않고 불순물을 깨끗이 제거한 백색의 단단한 레그노Regno[21]산 밀을 준비한다. 밀을 체에 걸러낸다. 체에 걸러낸 세몰리나 1파운드당 양질의 밀가루 6온스를 준비해 다른 항아리에 담아둔다. 세몰리나를 널찍하고 커다란 목기木器에 쏟은 뒤 손바닥으로 뒤섞는다. 세몰리나에 사프란을 살짝 탄 따뜻한 물을 넣고 작은 솔로 마구 휘저으면서 간간히 밀가루를 조금씩 섞어준다. 밀가루가 다 소진되고 세몰리나가 기장(수수) 형태의 작은 알갱이로 변할 때까지 이 과정을 반복한다. 이 알갱이들을 체에 거르면서 또 다른 목기에 담는다. 목기는 이전 것보다 훨씬 널찍하고 깊이는 얕아야 한

---

20 Bartolomeo Scappi, «Opera dell'arte del cucinare», 1570.
21 이탈리아어로 '왕국'이라는 뜻인데, 여기서는 16세기 시칠리아의 나폴리 왕국이나 시실리 왕국을 뜻하는 것으로 보인다.

다. 그릇에 담은 알갱이를 한 시간 반 정도 내버려둔다. 시간이 다 되면, 손바닥에 좋은 향이 나는 감편도甘扁桃 기름이나 올리브유를 바른 뒤 알갱이들이 기장처럼 윤기가 날 때까지 가볍게 휘저어준다.

도기나 주석 도금 냄비에 살이 통통한 쇠고기 6파운드를 반 파운드 크기로 자른 조각, 거세한 숫양의 갈비 4파운드를 손질한 것, 소금에 절인 돼지고기 목살 2파운드를 얇게 저민 것, 거세한 수탉의 4분의 1을 넣은 뒤 물을 붓고 끓인다. 고기가 거의 익으면 노란 빛깔의 밀라노식 소시지saveloy를 넣고, 후추와 계피를 섞은 1온스의 향신료와 넉넉한 양의 사프란을 넣어 양념한다. 뚜껑을 단단히 덮어 모든 재료가 완전히 조리되도록 한다. 고기가 다 익으면 국물에서 건져내 따뜻한 곳에 따로 둔다. 고기 육수를 체에 걸러서 자그마한 주둥이가 달린 커다란 도기나 구리 냄비에 넣는다.

체망처럼 중간 아래로 구멍이 뚫린 또 다른 냄비(찜기)를 준비해서 세몰리나 알갱이를 그 안에 넣는다. 공기가 통하지 않게 뚜껑을 단단히 봉한 뒤 찜기를 육수 담긴 냄비 위에 걸친다. 찜기가 육수 냄비 안쪽으로 완전히 들어가도록, 육수에 닿지 않도록 주의한다. 육수에 닿으면 제대로 조리되지 않기 때문이다. 밀가루 반죽을 붙여 냄비를 완전히 봉한다. 육수에서 나온 수증기로

1장 / 쿠스쿠스, 마그레브에서 프랑스로

모로코 시장에서 파는 형형색색의 타진들. 원뿔형 뚜껑은 수분이
날아가는 것을 막고 뜨거운 증기가 안에서 계속 돌게끔 해주기 때문에,
타진을 사용하면 아주 적은 양의 물만 넣고도 조리할 수 있다.

세몰리나 알갱이가 익을 때까지, 화염이 사그라진 석탄 위에 육수 냄비를 올려놓고 찐다. 최소 2시간은 쪄야 한다. 다 찐 뒤에는 육수 냄비에서 찜기를 꺼내 뚜껑을 제거하고 공처럼 생긴 세몰리나를 꺼낸다. 처음 썼던 목기에 세몰리나를 쏟아 붓고, 알갱이들이 서로 뭉쳐져서 기장 낱알처럼 모양이 잡히도록 부드럽게 비벼준다.

이 과정이 다 끝나면, 오야 포드리다olla podrida(스페인식 스튜)를 담을 때 쓸 것 같은 널따란 접시platter를 준비해서 알갱이와 고기를 같은 비율로 올린 뒤 고기 위에 남은 세몰리나 알갱이를 다시 올려 겹겹이 층을 쌓는다. 층마다 치즈 가루, 설탕, 계핏가루를 뿌려준다. 다 담았으면 고기 육수에 버터를 약간 넣어 녹인 뒤 한술 가득 떠서 음식 위에 부어준다.[22]

지나칠 정도로 친절한 장문의 레시피를 들여다보면, 우선 세몰리나로 쿠스쿠스를 만드는 과정에서부터 숨이 막혀온다. 손바닥으로 치대고, 손가락으로 비비고, 그야말로 손이 정말 많이 간다. 보통 정성이 아니고서야 해 먹기 힘든 요리다. 마그레브 전통 사회에서 요리

22　레시피는 영문 번역판을 참조했다. Bartolomeo Scappi, 《The Opera of Bartolomeo Scappi (1570): L'arte Et Prudenza D'un Maestro Cuoco》, University of Toronto Press, 2008.

는 여성들의 몫이었다. 이런 음식을 옛날엔 주식으로 매일 먹었다니, 레시피에서 베르베르 여성들의 깊은 한숨이 묻어나는 듯하다. 하지만 이런 준비 과정은 이들에게 스트레스를 해소하는 분출구 역할도 했다. 보통 일주일에 하루 날을 잡아 가족이며 친인척이 한자리에 둘러앉아 엄청난 양의 세몰리나를 쏟아놓고 쿠스쿠스를 만들었는데, 여럿이 모이니 자연스레 명절이나 잔칫날 같은 분위기가 연출됐다. 남편 흉도 보고, 어느 시장에서 뭘 싸게 파는지 같은 유용한 정보도 공유하고, 노래도 부르고, 춤도 춘다. 막내들은 커피나 간식거리를 마련해 팔과 허리가 아픈 어르신들을 위로했다. 아무리 그래도 장시간 노동이 고된 건 어쩔 수 없었겠지만.

다행히 1953년 쿠스쿠스 제조 기계가 발명됐다. 대량생산이 가능해진 덕분에 손으로 만드는 수고는 한결 덜었다. 오늘날 마그레브의 도시 지역에서는 슈퍼마켓에서 파는 쿠스쿠스를 사다가 조리하는 게 일반적이다. 기계화 공정으로 여성들에게 편한 세상을 열어준 건 페레로Ferrero다. 프랑스의 쿠스쿠스 제조사로, 이탈리아계 프랑스인인 장밥티스트 페레로Jean-Baptiste Ferrero와 아나이스Anaïs 부부가 1907년 알제리에서 설립한 회사다. 회사는 이후 프랑스로 이전했고, 페레로 쿠스쿠스는 지금도 프랑스에서 만들어져 아랍권을 비롯한 세계 각지로 수출된다. 그런데 프랑스라니 조금 뜬금없게 들린다. 무어인이 지배했던 스페인이나 포르투갈, 시칠리아라면야 수긍이 가지만, 프랑스에서 쿠스쿠스를 생산해 수출까지 한다니?

그런데 이야기를 시작하면서 언급한 것처럼, 쿠스쿠스는 프랑스 요리에 친숙하다. 유럽에서 쿠스쿠스 소비량이 가장 많은 나라가 프랑스다. 2018년 연간 소비량이 14만 3,000톤이었는데, 이는 유럽 전체 소비량의 43%를 차지하는 압도적인 양이다. 2위에 오른 독일에 비해서는 3배 가까이 많다. 연간 1인당 소비량도 2.2킬로그램으로 1위인데, 이 역시 2위에 오른 네덜란드에 비해 3배 가까이 많은 양이다. 프랑스에서 주식으로 통하는 파스타의 연간 1인당 소비량이 8.1킬로그램인 점을 감안하면 이토록 높은 쿠스쿠스 소비량이 놀라울 정도다. 프랑스 사람들은 도대체 왜 아프리카에서 건너온 밀가루 알갱이 음식을 그토록 열심히 먹고 있는 걸까?

미식의 나라 프랑스에 도착한 식민지 별미

쿠스쿠스가 프랑스 문헌에 처음 기록된 건 1534년이다. 프랑스 르네상스 문학의 거장 프랑수아 라블레François Rabelais의 소설 《가르강튀아와 팡타그뤼엘Gargantua: La

Vie Inestimable du Grand Gargantua, Père de Pantagruel》[23]에 '코스코송coscosson'이나 '코스코통coscoton'이라는 이름으로 등장한다. 작품에서 주인공 가르강튀아와 아들 팡타그뤼엘은 거인 왕으로 나오는데, 거대한 몸집만큼이나 먹성이 무시무시하다. 궁중 연회가 열리는 장면마다 푸지게 차려진 음식이나 거인들의 식사 장면이 아주 자세히 묘사되는데, 여기서 쿠스쿠스는 왕실 식탁의 한 자리를 차지하며 존재감을 과시한다. 작가는 "무어인 방식으로 준비한 쿠스쿠스", "엄청난 양의 쿠스쿠스, 풍성한 양의 수프를 곁들여서" 등으로 표현했다.

그로부터 100여 년이 지난 1630년, 프랑스 작가 장자크 부샤르Jean-Jacques Bouchard의 프로방스Provence(프랑스 남동부의 옛 지명) 식문화 탐방기에 쿠스쿠스가 다시 등장한다. 그는 "조리하면서 잘 부풀어 오른, 작은 쌀처럼 생긴 곡물 알갱이를 툴롱Toulon에서 먹었다. 그 지역 사람들은 그걸 쿠르쿠수courcoussou라 불렀다"라고 기록했다.[24] 다시 240여 년이 흐른 뒤 알렉상드르 뒤마의 《요

---

23 거인 왕인 가르강튀아와 팡타그뤼엘 부자의 성장과 모험을 그린 소설로, 구시대적 종교관과 사상을 비판하고 인간의 존엄성과 잠재력의 중요성을 강조해 르네상스를 대표하는 걸작으로 꼽힌다.

24 Giovanni Rebora, 《Culture of the Fork: A Brief History of Food in Europe》, Columbia University Press, 2001.

리 대사전Grand Dictionnaire de Cuisine》(1873)에도 쿠스쿠스는 '쿠수쿠수coussou coussou'라는 명칭으로 등장한다. 뒤마는 우리에게 《삼총사》나 《몬테크리스토 백작》으로 잘 알려져 있는 소설가지만, 여행가이자 미식가로도 유명했다. 《요리 대사전》은 그가 1870년 사망한 뒤 출간된 유작인데, 식문화에 대한 남다른 탐미가 드러나 있는 책이다.

하지만 책에 소개됐다는 것이 대중적으로 많이 먹었다는 말은 아니다. 우선 소설 《가르강튀아와 팡타그뤼엘》의 경우, 작가가 이탈리아 로마에 머무는 동안 쿠스쿠스를 맛본 뒤 작품에 반영한 것으로 추정된다.[25] 당시 파리 등 프랑스 중심부에서는 쿠스쿠스를 찾아볼 수 없었다. 부샤르가 남긴 기록도 쿠스쿠스가 프랑스 식문화에 정착한 증거로 보긴 어렵다. 프랑스 남동부 지중해 연안에 자리한 항구도시 툴롱은 1481년에야 프랑스령이 됐을 정도로 파리의 주류 사회에서 멀리 떨어진 변방이었다. 중세에는 무어인의 침략을 자주 받았고, 지리적으로 이탈리아와 가까워 쿠스쿠스를 접하기 쉬웠을 것이다. 마지막으로 뒤마의 《요리 대사전》에 쿠스쿠스가

---

25 Barbara Ketcham Wheaton, 《Savoring the Past: The French Kitchen and Table from 1300 to 1789》, Simon and Schuster, 2011.

등장한 건 저자가 마그레브를 여행하면서 맛본 것이 토대가 됐다고 한다. 앞서 말했듯이 뒤마는 여행가로도 명성이 높았고, 마그레브를 일주한 뒤 1848년 여행기를 낸 바 있다. 프랑스 식문화에 쿠스쿠스가 본격적으로 유입된 건 20세기 들어서다. 마그레브에 대한 식민 통치가 계기였다.

프랑스에서 제국주의가 움튼 시기는 비교적 빨랐다. 스페인이 1492년 카리브해 제도에, 포르투갈이 1498년 인도에 닿은 것을 계기로 해외 식민지 경영에 나서자 프랑스는 서쪽의 아시아 항로를 확보하겠다며 1524년 탐험선을 띄웠다. 당시 국왕 프랑수아 1세는 이 중책을 피렌체 출신 항해사 조반니 다 베라차노Giovanni da Verrazzano에게 맡겼다. 대서양을 횡단한 베라차노는 아시아에 가는 건 실패했지만, 북미 동부 해안을 훑고 돌아왔다. 지금의 뉴욕에 처음 도착한 유럽인도 그였다. 이를 토대로 프랑스의 자크 카르티에Jacques Cartier가 1534년 오늘날 캐나다 영토인 뉴펀들랜드에 상륙했다. 카르티에는 세인트로렌스강을 따라 내륙 깊숙이 들어가 지금의 퀘벡 일대를 프랑스령으로 삼았다. 훗날 캐나다는 영국 영토로 넘어갔지만, 퀘벡에 여전히 프랑스인 후손들이 거주하며 프랑스어를 쓰는 이유가 여기에 있다.

진출은 빨랐지만, 프랑스의 식민지 경영은 순조롭지 않았다. 라이벌로 부상한 네덜란드, 영국에 비해 항해술이나 자금력에서 한참 밀렸다. 더구나 프랑스 왕들이 유럽 내부에서 벌어진 왕위 계승전쟁에 참견하느라 해외 식민지를 제대로 관리할 여유가 없었다. 본국의 지원이 소홀해지자 식민지로 향하는 프랑스인들의 이주가 뚝 끊겼고, 인구 감소는 영향력 약화를 야기했다. 프랑스는 노예 무역에도 열심이었는데(프랑스의 노예 무역은 1819년까지 이어졌다), 영국과의 세력 다툼에 지면서 무역 권리를 뺏겼다. 임금도 지급하지 않고 죽을 때까지 중노동에 혹사시키는 노예는 대농장의 생산력 원천이었으니, 프랑스의 식민지 운영은 큰 타격을 입었다.

반인륜적 노예 무역과 관련해 조금 덧붙이자면, 아프리카인을 납치해 노예로 부린 행위 자체는 유럽에서 고대부터 자행돼왔다. 중세에 거의 사라졌다가 1442년 포르투갈이 마그레브의 베르베르인들을 끌고 가 본국에서 노예로 매매하며 되살아났다. 그러다 스페인, 영국, 프랑스, 네덜란드, 덴마크 등이 경쟁적으로 흑인 사냥에 나선다. 이들 나라가 북미 대륙과 서인도제도 농장주들을 대상으로 노예 장사에 혈안이 되면서 대규모 무역으로 확대된 것이다. 어쨌든 제국주의 초기의 핵심 사업인 노예 무역까지 난항을 겪는 가운데, 프랑스는 북미나 인

도에서 확보한 식민지를 속속 영국의 몫으로 넘겨줘야
했다.

프랑스가 제국주의에 다시 박차를 가한 건 나폴레옹
전쟁(1797~1815년) 이후다. 프랑스 혁명과 공화정 수
립, 나폴레옹의 황제 등극 및 러시아 원정 등 잇따른 정
국 혼란이 마무리되자 해외 식민지에 눈을 돌린 것이다.
주 타깃은 마그레브와 인도차이나 반도였다. 1830년 알
제리 침략이 제2기 제국주의의 신호탄이 됐다. 당시 마
그레브에는 오스만 제국의 오랜 통제에서 벗어난 왕국
들이 존재했는데, 내정이 불안한 상황이었다. 프랑스는
이 틈을 노리고 알제리의 항구도시 알제Alger를 공략한
뒤 서서히 마그레브를 잠식해나갔다. 각지에서 주민들
이 거세게 저항했지만 국가적인 차원이 아니었기에 프
랑스의 조직화된 군사력을 당해낼 수 없었다. 남하를 거
듭한 프랑스는 아틀라스 산맥 일대까지 장악하며 1848
년 알제리를 병합했다. 1881년엔 튀니지를, 1912년엔 모
로코를 보호국으로 삼았다. 모로코의 경우에는 프랑스
와 스페인이 영토를 분할했는데, 이것이 현재 마그레브
의 갈등 요인인 서사하라 영토 분쟁의 불씨가 됐다.

프랑스는 마그레브를 영원히 지배하기 위해 유럽인
들의 이주를 장려했다. 현지인의 토지와 자산을 강탈해
프랑스, 이탈리아, 스페인, 몰타 등에서 온 백인들에게

헐값에 넘겼다. 이 때문에 대다수 아랍인과 베르베르인은 빈곤층으로 몰락했다. 가장 먼저 식민지가 된 알제리는 1900년 유럽인이 전체 인구의 6분의 1을 차지할 정도로 폭증했다. 피에 누아르Pieds-noirs[26]라 불린 이들은 주로 알제리의 지중해 연안에 위치한 살기 좋은 도시들에 거주하며 특권을 누렸다. 앞서 언급한 쿠스쿠스 제조사 페레로도 알제리의 피에 누아르가 설립한 회사였다.

페레로의 사례에서도 알 수 있듯, 마그레브에 거주하던 프랑스인들은 자연스럽게 현지 식문화와 쿠스쿠스를 접하게 됐다. 이들이 본국을 넘나들면서 프랑스 식문화에 쿠스쿠스가 전래된다. 결정적인 계기는 1931년 파리에서 열린 '국제 식민지 박람회Exposition Coloniale Internationale'였다. 프랑스가 거느린 식민지들의 풍물을 전시하며 제국주의의 성과물을 홍보한 행사였는데, 각각의 식민지 전시관에는 향토 음식을 맛볼 수 있는 레스토랑과 카페가 마련됐다. 마그레브 전시관에서 메뉴에 오른 것이 바로 쿠스쿠스였다. 행사장을 찾은 수많은 파리 시민들은 아랍 분위기가 물씬 풍기는 식당에서 독특

---

26 '검은 발'이라는 뜻의 프랑스어다. 주로 알제리의 프랑스 등 유럽계 및 유대계 주민을 일컫는 말인데, 지역 범위를 마그레브 전체로 보기도 한다. 마그레브 국가들의 독립 이후 프랑스로 이주한 피에 누아르 인구는 약 160만 명에 달한다.

한 식감과 풍미의 쿠스쿠스 요리를 시식하며 색다른 경험을 했다.[27] 물론 이벤트 자체는 식민 통치의 전리품을 과시하는 성격이 짙었지만, 낯선 식민지 음식인 쿠스쿠스가 프랑스 식문화의 중심부에 자리 잡는 데 중요한 계기가 됐다.

한편 마그레브에서는 제1차 세계대전과 제2차 세계대전을 겪으며 민족주의와 독립운동이 촉발됐다. 프랑스는 전쟁 때마다 자치권 확대를 약속하며 속국인 모로코, 튀니지, 알제리의 군인들을 대거 참전시켰다. 하지만 막상 승전한 뒤엔 입을 싹 씻어버렸고, 마그레브 출신 군인들에 대한 보상도 제대로 이루어지지 않았다. 식민지에서의 인종차별도 여전했다. 결국 반反프랑스 감정이 거세지면서 각국의 독립운동이 조직화됐다. 알제리는 1954년 자국 내 프랑스군을 상대로 게릴라전에 돌입했다. 8년이나 이어진 이 전쟁에서 프랑스군은 독립 세력을 무자비하게 진압해 알제리 국민 150만 명이 사망하는 끔찍한 결과를 낳았다.[28] 이렇게 막대한 희생을 치른 끝에 알제리는 1962년 독립을 이뤄냈다. 한편 1920

27　Thomas M. Conroy, 《Food and Everyday Life》, Lexington Books, 2014.

28　프랑스에서는 알제리 전쟁의 알제리 국민 사망자 수를 40만 명으로 집계해 양국 간 차이가 크다.

년대부터 각지에서 무장 독립항쟁을 일으키며 프랑스와 스페인에 거세게 저항했던 모로코는 프랑스가 베트남의 인도차이나 전쟁(1946~1954년)과 알제리 전쟁에 총력을 기울이면서, 협상을 통해 1956년 비교적 평화롭게 독립했다. 튀니지는 독립운동을 벌이면서도 프랑스와 유화적인 관계를 유지해 큰 갈등 없이 1956년 독립할 수 있었다.

이처럼 마그레브 3개국이 프랑스의 식민 통치에서 벗어나자 이 지역 지배층이자 상류층이던 피에 누아르는 졸지에 낙동강 오리알 신세가 됐다. 마그레브에서 태어나고 자라났음에도 기독교 신자인 유럽계 백인과 혼혈, 유대인 등 무슬림이 아닌 피에 누아르는 더 이상 프랑스군의 비호를 받을 수 없어 목숨이 위태로웠다. 이들은 삶의 터전과 자산을 모두 버리고 유럽으로 탈출했다. 제2차 세계대전 직후에도 일자리를 찾아 프랑스로 이주한 마그레브 사람들이 수만 명에 이르기는 했지만, 1950년대에서 1960년대까지 독립을 전후한 시기에는 그 수가 폭발적으로 늘었다. 1962~1964년 프랑스로 떠난 알제리의 피에 누아르는 약 100만 명에 이를 정도였다.

난민 행렬엔 무슬림도 일부 포함돼 있었다. 알제리 전쟁 당시 프랑스군에 가담한 군인들인 '아르키Harki'였다. 아르키는 알제리 독립군에게 반역자였기 때문에 학살

대상이 됐다. 실제로 독립 이후 셀 수 없이 많은 아르키와 그 가족들이 참혹한 보복을 당했다. 아르키들은 잡히는 대로 살해당했고, 아내와 딸들은 독립군의 집단 강간에 시달리다 목숨을 잃었다. 복수를 피해 가까스로 프랑스행에 성공한 아르키는 9만여 명이었다. 당시 3D 산업 현장에서 값싼 노동력이 절실했던 프랑스 정부는 이들을 프랑스 시민으로 적극 수용했다.

새 터전에서 새 삶을 시작한 피에 누아르에게 고향은 알제리 등 마그레브였지 프랑스가 아니었다. 이들은 프랑스의 농장, 공장, 탄광 등에서 노동자로 힘겹게 일하며 고향이 그리울 때면 함께 모여 쿠스쿠스를 만들어 먹었다. 한 푼 두 푼 모은 돈으로 파리 등 대도시 변두리에 마그레브 향토음식점을 차리는 이들도 생겼다. 그러면서 이방인의 음식 쿠스쿠스가 프랑스 땅에 서서히 움을 틔웠다.

이민자들과 함께 자리 잡은 음식

마그레브의 프랑스 이민 행렬은 1970년대 이후에도 지속됐다. 홀몸으로 프랑스에 건너와 험한 일을 마다않고 자리 잡은 집안 가장들이 본국에 남겨둔 아내와 자식들을 불러들인 것이다. 마그레브의 불안정한 정치·경제 상황 역시 서민들로 하여금 스스로 고국을 등지게 했다.

식민 통치에서 갓 벗어난 나라들의 공통점인데, 제국주의 국가의 강력한 통제가 사라지자 토착민 출신 정치인이나 군인들이 앞다투어 권좌에 달려들었다. 독재, 쿠데타, 내전 등이 거듭되면서 경제는 파탄이 났고, 권력과 무관한 하층민은 오히려 식민지 시대보다 살기 어려워진 경우가 적지 않았다.

식민지 교육을 받은 마그레브 무슬림 중에는 프랑스어가 유창한 젊은이들이 많았다. 이들은 언어 소통의 장점을 살려 프랑스로 일자리를 찾아 떠났다. 하지만 이민자들은 환영받지 못하는 불청객이었다. 백인들의 인종 차별 행위가 횡행했고, 그로 인한 갈등이 프랑스 곳곳에서 벌어졌다. 9.11 테러 이후엔 '아랍인은 테러리스트'라는 인식이 확산되면서 상황이 더욱 악화됐다. 마그레브 출신들이 모여 사는 빈민가에서는 이에 저항하는 폭력 시위가 빈번하게 발생했다. 그런 와중에도 이민자는 계속 늘었다. 현재 프랑스의 이민자 후손 인구는 약 730만 명(이민자는 약 590만 명)인데, 알제리(15%), 모로코(11%), 튀니지(5%)를 합친 마그레브 비중이 약 31%에 이른다.[29] 혼혈을 포함한 마그레브계 프랑스인이 600만

---

29 l'Institut national de la statistique et des etudes economiques (INSEE) 2017년 2월 발표 자료.

명에 이른다는 분석도 있다. 이처럼 어마어마하게 늘어
나는 마그레브 이민자 수에 비례해 프랑스 내 쿠스쿠스
판매와 소비가 급증한 건 당연한 수순이었다.

　프랑스 영화 〈생선 쿠스쿠스La graine et le mulet〉가 그
과정을 잘 보여준다. 튀니지 태생의 압델라티프 케시시
감독이 프랑스 이민 1세대인 아버지(공사장 막일꾼이었
다)를 모델 삼아 만든 작품이다. 주인공인 마그레브 출
신 이민자 슬리만 베이지는 프랑스 항구도시 세트Sète에
서 조선소 노동자로 일하며 청춘을 다 보냈다. 60세의
나이에도 노쇠한 몸을 이끌고 고군분투하지만, 작업 효
율이 떨어진다며 결국 해고당한다. 그렇다고 마음 편히
쉴 여유도 없다. 이혼한 전처, 다 컸지만 철없는 자식들,
거기에 현재 동거하는 파트너와 의붓딸 등 두 집안의 생
계를 책임지고 있기 때문이다. 그는 동거하는 여성과의
갈등을 무릅쓰고 전처의 도움을 받아 음식 장사를 해보
기로 한다. 성격이 안 맞아 갈라서기는 했어도, 전처의
생선 쿠스쿠스 맛은 기가 막히게 훌륭하기 때문. 우여곡
절 끝에 두 가족의 협조를 얻어낸 베이지는, 가게를 얻
을 돈이 모자라 버려진 화물선을 식당으로 개조한다. 하
지만 사업자금 대출을 해주는 은행이며 영업 허가를 내
주는 시청 직원들은 영 미심쩍어한다. 이들을 안심시키
고자 베이지는 선상 시식회를 여는데, 손님들이 다 와서

기다리는 와중에 핵심 메뉴인 쿠스쿠스를 담은 통이 사라진다! 눈물 없이 볼 수 없는 그 뒤의 해프닝은 영화로 직접 확인하시기를.

어쨌든 2007년 개봉한 이 영화에서 베이지의 나이는 60세로 설정돼 있다. 그는 젊은 시절 프랑스에 건너와 일했으니, 이주 시기는 대략 40년 전쯤인 1960년대일 것이다. 마그레브에서 프랑스로 향하는 이민 행렬이 이어질 때다. 베이지가 그랬듯 프랑스에서 험한 일을 도맡아 한 수많은 마그레브 사람들에게는 열심히 돈을 모아 쿠스쿠스 식당 사장님이 되는 게 꿈이었다. 그 결과 이민자들이 몰려 사는 대도시 변두리 지역을 중심으로 쿠스쿠스 식당이 꾸준히 늘어난다. 한국에서 3D 업종에 종사하며 돈을 모은 조선족들이 양꼬치나 마라탕 가게들을 내듯이 말이다.

디아스포라 음식이 주류 사회로 진입하기까지는 나름의 순서가 있다. 처음에는 음식으로 향수병을 달래려는 이민자들이, 다음에는 먹성 좋고 입맛이 개방적이면서 주머니는 가벼운 젊은이들이 찾아든다. 원래 가난한 이민자를 상대로 장사하던 음식인 만큼 값이 저렴하기 때문이다. 그렇게 입소문을 타고 손님은 서민층으로 확대된다. 마니아가 늘어 매스컴이 떠들썩하게 다루기 시작하면 중산층, 상류층까지 차차 관심을 갖게 되고 대중적으로 유행한다. 변두리 이민자 동네에서 태동한 가게들은 이제 시내 중심부나 번화가로 진출한다. 마라탕만 해도 몇 년 전까지는 대림동 뒷골목에서나 볼 수 있었던 음식이 아닌가. 그러던 것이 지금은 강남 한복판을 비롯해 전국 각지에서 찾아볼 수 있다. 고급 호텔 레스토랑 메뉴에 마라탕이 오르는가 하면 마라 치킨이니 마라 라면이니 마라 떡볶이 같은 퓨전 음식까지 개발됐다.

쿠스쿠스 역시 이런 과정을 거쳐 프랑스 식문화를 접수했다. 이민자에 이어 파리의 대학생들과 젊은 직장인들이 쿠스쿠스 마니아가 됐다. 쿠스쿠스는 파리 시내 곳곳에 생겨난 모로코, 알제리, 튀니지 음식점에서 인기리에 팔렸고, 학교 급식으로도 제공됐다. 까다로운 파리지앵 입맛에 맞춘 프렌치 스타일 쿠스쿠스 메뉴도 속속 나왔다. 미트볼과 메르게즈Merguez 소시지[30]를 올린 '로열 쿠스쿠스', 양파와 프로방스 허브 맛을 강조한 '프로방스식 쿠스쿠스'가 대표적이다. 가벼운 식감의 샐러드 재료로도 각광받는다. 쿠스쿠스는 프랑스인들에게 친숙한 레바논식 샐러드 타불레taboulé[31]에 단골로 들어가

---

30 양고기나 쇠고기에 하리사, 고추 등을 넣어 만든 마그레브 지역의 매콤한 소시지. 프랑스와 중동에서도 인기가 높다.

31 토마토, 파슬리, 올리브 오일, 민트, 레몬즙 등으로 만든 상큼한 맛의 샐러드. 레바논에서는 발아한 밀을 찐 뒤 말려서 부

는 재료다. 이처럼 프랑스 요리의 새로운 트렌드로 부상한 쿠스쿠스는 2006년 현지 주간지 《VDS》가 실시한 '가장 좋아하는 음식' 설문조사에서 정통 프랑스 요리들을 제치고 1위에 오르기도 했다. 이 조사에서 프랑스 미식가들이 자랑하는 카술레cassoulet,[32] 부야베스 bouillabaisse,[33] 뵈프 부르기뇽bœuf bourgignon[34] 등 쟁쟁한 향토 요리들이 쿠스쿠스에 무릎을 꿇었다. 비록 VSD가 주요 매체로 꼽히지는 않지만, 미식의 본고장을 자부하는 프랑스인지라 이 소식은 해외 언론에까지 보도됐다. 부르카 금지법 등 반反무슬림 정서가 거세지는 와중에도 쿠스쿠스에 대한 애정은 식지 않아 2011년 프랑스 식문화 잡지 《비 프라티크 구르망Vie Pratique Gourmand》의 음식 선호도 설문조사에서도 3위(19%)를 차지했다.

순 불가bulgur를 주로 넣는데, 프랑스에서는 마그레브 식문화의 영향 때문인지 불가 대신 쿠스쿠스가 곧잘 쓰인다.

32 돼지고기, 향신료, 흰 강낭콩 등으로 만든 프랑스 남서부 랑그도크Languedoc 지방의 스튜.

33 생선 등 해산물로 끓인 프랑스 남부 마르세유 지방의 지중해식 생선 스튜.

34 프랑스 동부 부르고뉴 지방의 대표적인 요리로, 쇠고기와 양파, 버섯 등을 레드 와인에 푹 끓여 만든 스튜다.

프랑스 정계를 들쑤신 '쿠스쿠스 게이트'

이렇게 대중적인 사랑을 받은 음식이니 얽힌 이야기가 한둘일 리 없다. 2017년 9월 프랑스 정계에서 쿠스쿠스 때문에 벌어진 흥미로운 사건이 하나 있다. 백인 우월주의 극우정당인 국민전선(현 국민연합, 이하 FN)의 2인자이자 당 부대표인 플로리안 필리포Florian Philippot가 한 회식 자리에서 쿠스쿠스를 먹어 당 지지자들을 분노케 한 것이다. 9월 14일 필리포는 당원들과 함께 프랑스 동부 스트라스부르Strasbourg의 유명 모로코 레스토랑 '셰에라자데'를 찾았다. 참석자 중 한 명이 음식 맛이 인상 깊었던지 '스트라스부르 최고의 쿠스쿠스'라는 글과 함께 식당에서 찍은 단체 사진을 트위터에 올렸는데, 이것이 발단이 됐다.

'쿠스쿠스는 비애국적 음식'이라는 둥 '쿠스쿠스는 우리 당 이미지와 맞지 않는 메뉴'라는 둥 FN 지지자들로부터 비난이 빗발쳤다. 정작 사진 속 테이블 위에는 빈 그릇만 놓여 있을 뿐 쿠스쿠스는 아예 보이지도 않았다. 극우 세력은 마그레브 이민자들의 음식 이름이 언급된 사실만으로도 화가 치밀어 오른 모양이었다. 프랑스 방송사며 신문들이 이 소식을 '쿠스쿠스 게이트'로 보도하면서 사건은 일파만파 퍼져나갔다. 쿠스쿠스 게이트 해

쿠스쿠스는 샐러드 재료로도 자주 쓰인다. 드레싱도 간단하게 레몬즙만
뿌려 먹곤 한다.

시태그(#couscousgate)가 프랑스 소셜미디어를 단숨에 뒤덮었다. FN의 반反이민 및 인종차별 정책에 불만이 컸던 좌파에서도 필리포의 뇌와 혀가 따로 놀고 있다고 비꼬며 연일 맹공격을 퍼부었다.

좌우 가릴 것 없이 공공의 적이 된 필리포는 정면 돌파를 택했다. 한 언론사가 논란의 시발점인 셰에라자데 식당을 찾아 상세히 취재한 내용을 기사로 내자, 이를 트위터에 공유하며 '이곳을 추천한다. 맛있고 아주 친절하다'는 글을 보란 듯이 남긴 것. 하지만 불난 집에 기름 붓는 격이었다. 필리포는 원래 FN 지지자들은 물론 당 내에도 적이 많았다. 그가 동성애자라는 사실은 동성혼에 반대하는 극우 정당의 보수적인 가치관과 맞지 않았다. 반EU 기조를 맹렬하게 내세워 당 소속 의원들과 갈등을 빚기도 했다. FN의 노골적인 인종차별을 희석시켜 지지층을 넓히려던 노력 역시 기존 극우파에게서 반감을 샀다. 이런 와중에 불거진 쿠스쿠스 사건은 FN 당수인 마린 르 펜Marine Le Pen의 심기를 제대로 건드렸다.

르 펜이 어떤 여자인가. 무려 야스쿠니 신사 참배까지 했던 광적인 파시스트 장마리 르 펜Jean-Marie Le Pen의 딸이다. 프랑스 언론이 '악마'라 칭한 부친의 대를 이어 극우 세력 1인자가 된 이가 바로 마린 르 펜이다. 프랑스를 하얀 나라로 만드는 게 목표인 그녀는 인종차별 발언으로 법정 공방까지 벌인 바 있다. 프랑스가 제국주의로 식민지에 어떤 악행을 저질렀는지, 그 여파로 옛 식민지 사람들이 지금껏 어떤 고통을 겪었는지는 안중에도 없다. 마지막 동아줄을 붙잡듯 프랑스로 도망칠 수밖에 없는 절박함에도 공감하지 못하며, 이슬람 극단주의자들이 벌이는 무차별 테러에는 핏대를 올려도 미국과 유럽이 중동에서 벌인 무참한 전쟁에는 눈을 감는다. 세계적인 인종차별주의자 도널드 트럼프를 롤 모델로 삼는 것만 봐도 르 펜이 어떤 사람인지 알 수 있다.

그런 르 펜에게 당 2인자인 필리포가 마그레브를 상징하는 음식 쿠스쿠스를 메뉴로 선택해 소란을 일으킨 건 용납할 수 없는 일이었을 터다. 더구나 그녀는 같은 해 5월 대통령 선거에서 무소속으로 출마한 에마뉘엘 마크롱Emmanuel Macron에게 큰 차이로 패해 정치적 타격을 입고 당의 재건이 절실한 상황이었다. 결국 필리포는 당 안팎의 압박에 떠밀려 9월 21일 탈당하기에 이른다. 쿠스쿠스 게이트가 터진 지 겨우 일주일 만이었다. 탈당 당일, 필리포는 TV 인터뷰에서 "나는 쫓겨난 것"이라며 노골적인 불만을 내비쳤다. 또 쿠스쿠스를 먹는 행위조차 용납하지 않는 골수 극우들을 겨냥하듯, FN이 수많은 사람을 공포로 몰아넣은 과거의 어두운 시대로 돌아가고 있다고 꼬집었다. 과연 아랍 왕국을 몰아낸 스페인의 예수회가 이교도 음식이라며 쿠스쿠스를 금지시킨 500여 년 전 모습이 떠오르는 대목이다. '톨레랑스'의 프랑스가 어쩌다 이 지경까지 왔을까.

물론 필리포의 퇴각에는 당내 갈등 등 여러 배경이 있기는 했지만, 대중적으로 엄청난 이슈를 몰고 온 쿠스쿠스 게이트가 결정타를 입힌 건 분명했다. 그날 회식하러 '셰에라자데'를 가지 않았더라면, 쿠스쿠스를 먹지 않았더라면, 당원이 쿠스쿠스를 먹었다는 트윗이라도 올리지 않았더라면, 어쩌면 필리포는 FN에 남았을지도 모르고, 그랬다면 프랑스의 정치 지형이 달라졌을지도 모른다. 필리포 역시 이분법에 빠진 백인 우월주의자였다는 사실에는 변함이 없지만, 겉으로나마 FN의 인종차별 이미지를 감추려 애썼던 건 사실이니까. 이렇게 보면 쿠스쿠스가 프랑스 정치를 좌우했다고 해도 과언이 아니다. 셰에라자데의 '천일야화'처럼 한번 빠지면 헤어날 수 없는 매혹적인 맛의 쿠스쿠스, 요물 같은 음식이다.

보르시,
우크라이나에서
러시아로

2019년 5월 30일, 러시아 외교부 공식 트위터에 불이 났다. 이날 외교부에서 올린 게시물 하나가 뜨거운 논란을 일으킨 것이다.

영원한 클래식! #보르시Borsch[1]는 러시아에서 가장 유명하고 가장 사랑받는 음식 중 하나입니다. 아울러 전통 요리의 상징이기도 하죠. '보르시'란 명칭은 러시아어의 보르셰비크borchevik(호그위드)에서 기원했다는 설이 있습니다. 보르셰비크는 고대 루시Rus[2]에서 수프를 만들 때 활용하곤 했습니다. #Delicious #yummy

---

1 러시아 외교부 트위터(영어로 운영)의 표기를 그대로 가져왔다. 영어권에서는 이디시어(중유럽, 동유럽의 유대인 언어)에서 비롯한 borscht라 표기하는 게 일반적이며, borsch, borsht, bortsch 등의 영어 표기가 혼용된다. 우크라이나와 러시아에서는 борщ라 쓰고 '보르시'라 읽는다.

2 러시아, 우크라이나, 벨로루시 등을 지칭할 때 공통적으로 사용한 옛 지명.

러시아 외교부는 이 글과 함께 2분 17초 분량의 보르시 요리 동영상도 올렸다. 제목은 '러시아의 보르시 RUSSIAN BORSCH'. 러시아 사람들이 즐겨 먹는 수프 요리인 보르시의 홍보물이다. 게시글만 봐서는 '뭐가 문제지?' 하고 고개를 갸웃하게 된다. 해시태그에 '맛있다'는 수식어를 요란하게 붙인 음식 소개처럼 보이니까. 그런데 얼마 지나지 않아 이 트윗에는 분노에 찬 댓글들이 줄기차게 달린다.

Ale○○○: 보르시는 명백히 우크라이나 것이다. 모스크바(러시아 정부)가 시도한 또 하나의 문화적 도용 사례야.

Eur○○○: 보르시는 우크라이나 음식이다. 러시아인들에게는, 보르시 먹은 접시를 설거지한 구정물 같은 맛의 '시Shchi'[3]가 있다고.

HAZ○○○: 러시아엔 '시'밖에 없어. 오줌에 양배추 섞은 맛이지.

Vov○○○: 첫째, 러시아는 고대 루시와 별 관련성도 없어. 둘째, 우크라니아 사람들은 하루 걸러 보르시를

---

3 러시아어 표기로는 щи. 양배추로 만든 담백한 맛의 러시아 전통 수프.

먹고, 그걸 수백 년 동안 해왔다. (러시아의) 프스코프 Pskov나 탐보프Tambov[4]의 평범한 농사꾼들한테 물어봐라, 그 사람들 아내가 마지막으로 보르시를 해준 게 언제인지.

Дід○○○: 보르시는 우크라이나 땅에서 살아왔고 지금도 여전히 살고 있는 슬라브인들의 유서 깊은 국민 음식이야.

Про○○○: 보르시는 우크라이나 전통 요리지, 러시아 것이 아냐. 러시아는 우크라이나와 관련된 건 뭐든 훔쳐가려고 하지.

이는 비교적 점잖은 편에 속하는 댓글들로, 수위가 훨씬 센 표현들이 수두룩했다. 트윗 내용에서 짐작할 수 있듯이 반발 주체는 우크라이나인들이다. 이들이 '보르시는 러시아 전통 요리'라는 표현에 총출동한 것이다. 도대체 보르시가 어떤 음식이기에 이런 사단이 벌어졌을까.

보르시는 쇠고기(닭고기 등 다른 육류를 쓰기도 한다) 육수에 비트, 양파, 감자, 당근, 마늘 등 각종 채소를 넣

---

4 프스코프는 러시아 북서쪽에 자리한 주州이며, 탐보프는 우크라이나에서 가까운 러시아 서쪽 주를 말한다.

보르시의 핵심적인 재료인 비트. 전통적인 러시아 수프 '시'는 비트가 들어가지 않은 말간 국물이어서 겉보기에도 차이가 크다.

어 끓인 수프다. 진자주색 채소인 비트가 특유의 시큼하고 달달한 맛을 내는 한편 국물을 핏빛으로 물들여 미각적으로나 시각적으로나 강렬한 느낌을 주는 음식이다. 재료나 조리 방식은 계절이나 지역에 따라 천차만별. 많게는 20가지 가까운 재료를 넣어 만들기도 한다. 우크라이나에서는 보통 돼지기름인 라드를 넣고 푹 끓여 국물이 걸쭉하다. 사워크림을 섞어 산미와 부드러운 맛을 강조하는 경우도 많다. 보통은 따뜻하게 먹지만, 냉국처럼 차가운 보르시도 있다. 동유럽에서 인기가 높은 수프로

특히 우크라이나에서는 국민 음식으로 통한다. 일상적인 가정식은 물론이고 축제나 명절, 결혼식이나 장례식 메뉴에 빠짐없이 올라 우크라이나 문화와 민족주의를 상징하는 대명사처럼 쓰이기도 한다.

이러한 배경에서 보르시의 발상지는 우크라이나로 알려져 있다. 하지만 공식적인 역사적 기록이 없는 탓에 이 붉은 국물 요리의 종주국을 자처하는 나라들이 또 있다. 러시아와 폴란드가 대표적이다. 주식처럼 먹는 우크라이나만큼은 아닐지언정 이들 나라에서도 보르시를 흔히 접할 수 있다. 공교롭게도 두 나라 모두 오랜 세월 우크라이나를 무력으로 지배한 과거사가 있는데다, 러시아는 보르시를 자국의 대표적인 전통음식으로 곧잘 소개해 우크라이나 사람들을 자극하곤 한다.

러시아 외교부의 보르시 홍보에 우크라이나 사람들이 공세에 나서자 러시아인들도 가만히 지켜보고 있지만은 않았다. 반발에 대한 반발이 냉큼 이어졌다. '우크라이나인의 80%는 원래 러시아인'이라는 등 보르시 종주국 논란을 둘러싸고 민족의 뿌리 문제까지 들먹여졌다. 음식 홍보 트윗 하나에 양국 국민들이 달려들어 정치와 역사까지 주제가 확장되면서 날선 설전을 한참이나 벌인 것이다. 2011년 중국이 동북공정을 내세워 '아리랑'을 자국 무형문화유산으로 등재했을 당시 한국과 중국 네티즌 사이에 벌어진 댓글 전쟁을 연상케 한다. 양측의 반응이 이처럼 격앙된 배경은 우크라이나와 러시아의 앙숙 관계가 과거사에 그치지 않고 현재진행형이라는 데서 찾을 수 있다. 문제의 트윗 댓글에서도 이러한 사실이 잘 드러난다.

> Cep○○○ : 남의 것 훔쳐서 원래 자기들 것이라고 고집하는 러시아인들의 본성이 여기서 고스란히 드러난다. 크림반도, 보르시, 기타 등등.
> d1m○○○ : 너희들은 우크라이나에서 크림반도만으로도 모자라서 보르시까지 훔쳐갈 심산이구나.

이처럼 보르시에 크림반도 문제를 연결지어 '도둑질'을 언급하는 이들이 상당히 많았다. 우크라이나와 러시아의 갈등을 말할 때 크림반도 이야기가 빠질 수 없다. 이는 국제적으로도 큰 이슈다. 우크라이나 남단에서 흑해를 향해 튀어나온 이 반도는 현재 러시아와 우크라이나 사이에 치열한 영토 분쟁이 벌어지고 있는 지역이기 때문이다.

크림반도는 정치적으로 무척 복잡한 역사를 지녔는데, 전략적 요충지라는 특성상 고대부터 주변 세력들에게 휘둘려왔다. 그리스, 로마 제국, 킵차크 한국(몽골계), 제노바 공화국(이탈리아), 오스만 제국 등 여러 나라와 민족이 이 땅을 거쳐갔다. 1783년 예카테리나 Ekaterina 2세가 지배한 러시아 제국에 병합됐지만, 크림반도를 둘러싼 러시아 제국과 오스만 제국의 공방은 계속됐다. 1854년에는 러시아를 견제하려는 영국과 프랑스가 오스만과 3국 연합군을 조성해 크림 전쟁을 일으키면서 국제전으로 비화했다. 이 전쟁에서 진 러시아의 크림반도 지배력은 한풀 꺾였다. 1917년 볼셰비키 혁명으로 러시아 제국이 망한 틈을 타 이 지역의 타타르인들이 크림인민공화국을 수립했지만, 채 한 달도 지나지 않아 볼셰비키에게 나라를 내줘야 했고 1921년 소련으로 편입됐다.

제2차 세계대전이 끝난 뒤, 스탈린은 크림반도의 타타르인(주민의 대다수를 차지했다)을 멀리 시베리아나 중앙아시아로 강제 이주시켰다. 연해주의 고려인들에게 한 짓과 똑같다. 텅 빈 반도에는 자국민을 보내 인구 공백을 메웠다. 당시 수많은 타타르인이 (고려인이 그러했듯이) 기차를 타고 쫓겨나는 도중에 추위와 굶주림으로 목숨을 잃었다. 이후 크림반도는 1954년 소련의 일원인 우크라이나로 이양됐다. 1991년 소련이 해체돼 우크라이나가 독립할 때, 크림반도에서는 주민 투표를 통해 우크라이나에 속한 자치공화국이 수립됐다. 그러다

2장 / 보르시, 우크라이나에서 러시아로

우크라이나 키예프에는 독립 광장Maidan Nezalezhnosti이 있는데, 사진
오른편에 보이는 것이 바로 그 광장에 세워져 있는 독립 기념탑이다.
2001년 우크라이나 독립 10주년을 기념하여 세워졌다.

2004년 오렌지 혁명[5] 이후 친러시아파와 친서방파 갈등으로 본국 우크라이나가 정치적 혼란에 휩싸이자 이 지역의 여론도 양분된다.

결국 2014년 3월 우크라이나 잔류를 희망하는 타타르인이 보이콧한 가운데, 러시아 귀속 여부에 대한 러시아계 주민의 투표가 강행된다. 찬성표가 많은 것을 근거로 러시아군은 우크라이나군 기지를 점령하고 크림반도를 장악했다. 푸틴 대통령은 곧 이 지역을 자국 영토로 강제 병합시켰다. 우크라이나와 미국, 유럽은 물론 UN까지 국제법 위반이라며 인정하지 않은 가운데, 러시아는 이 문제로 G8[6]에서 퇴출됐다. 이런 반발에도 아랑곳하지 않고 러시아는 2014년 8월 또 다른 분쟁 지역인 도네츠크Donetsk 등 우크라이나 동부에 군대를 파병해 무력

---

5 2004년 우크라이나에서 벌어진 대통령 부정선거 규탄 시민 혁명. 당시 친러시아 계열의 여당 후보가 근소한 차이로 승리했는데, 부정선거 증거가 속속 드러나자 친서방 계열의 야당 후보가 이에 반발했고 재선거를 요구하는 시민들의 혁명이 발발했다. 야당의 상징색이 오렌지색이라 '오렌지 혁명'이라 불린다. 오렌지 혁명으로 인해 대통령 선거가 다시 치러졌고 8% 차이로 야당이 승리해 정권 교체가 이뤄졌다.

6 세계 경제의 주도국가인 미국, 영국, 프랑스, 독일, 러시아, 이탈리아, 캐나다, 일본 등 8개국으로 구성된 정상 협의체. 러시아가 퇴출됨에 따라 현재는 G7으로 운영되고 있다. 2019년 미국 대통령 도널드 트럼프가 러시아의 복귀를 추진했지만, 나머지 국가 정상들의 반대로 무산됐다.

을 과시했다. 사실상 침공이었다.

크림반도가 우크라이나에서 러시아로 넘어간 2014년 3월 16일, 각국 러시아 대사관 인근에서는 항의 집회가 열렸다. 이날 영국 런던의 러시아 대사관 앞에도 2,000여 명이 모여 강제 병합을 규탄했다. 영어로 쓰인 플래카드에는 '푸틴의 제국주의를 막자', '러시아군은 우크라이나를 떠나라' 등의 구호가 적혀 있었다. 특히 언론의 관심을 끈 문구가 있었는데, '전쟁이 아닌 보르시 요리를 하라Make borscht, not war'였다. 1960년대 미국 반전 캠페인 표어로 유명한 '전쟁이 아닌 사랑을 하라Make love, not war'의 패러디다. 종주국이 어디인가를 떠나서, 보르시는 우크라이나와 러시아 사람들이 공통적으로 좋아하는 수프다. 그 점을 재치 있게 녹여 양국의 평화를 기원하는 메시지로 쓴 것이리라. 안타깝게도 현실은 반대가 되어버린 듯하다. 쉼표와 not을 뺀 '보르시 전쟁을 하라Make borscht war'로.

보르시가 러시아 음식이 아닌 우크라이나 음식인 이유

러시아 외교부 트위터에서 '보르시 전쟁'이 발발한 지 3개월 후인 2019년 8월, 이번엔 우크라이나 국영방송

UATV[7]가 공식 유튜브 채널에 뉴스 영상을 올려 항전에 나섰다. 제목은 '보르시가 러시아 음식이 아닌 우크라이나 음식인 이유Why Borsch Is Ukrainian, Not Russian'. 국제적인 공감대를 조성할 수 있도록 영상에는 영어 더빙을 입혔을 뿐만 아니라 영상 소개글에 '러시아가 아무리 열심히 빼앗아가려고 한들 보르시는 우크라이나 역사에 단단히 뿌리를 내린 문화적 음식'이라는 설명까지 넣었다. 러시아 외교부를 제대로 저격한 것이다.

"우크라이나의 보르시는 종종 러시아 수프로 잘못 불리곤 합니다. 이는 전혀 사실이 아닙니다."

영상은 기자의 단호한 멘트와 함께 시작된다. 이어 우크라이나 민족학자인 올하 포리츠카Olha Porytska가 출연해 보르시의 유구한 역사를 설명하는데, 그녀는 우크라이나의 1,100년 전 고대 국가인 키예프 루시Kiev Rus[8] 시절부터 보르시를 만들어 먹었다는 사실을 강조한다. 보르시라는 명칭이 본래 이 수프의 주재료로 쓰였던 호그위드hogweed[9]의 슬라브 고어古語 보르셰비크에서 나왔

---

7 우크라이나 국영 통신사인 우크린폼Ukrinform이 운영하는 24시간 TV 방송 채널. 전 세계를 대상으로 우크라이나 관련 소식과 정보를 방영하며 5개 언어(우크라이나어, 영어, 러시아어, 아랍어, 크림반도 타타르어)로 방송한다.
8 키예프 공국, 키예프 러시아라고도 칭한다.
9 높이가 1.8미터까지 자라는 유라시아 원산의 식물로, 약간의

2005년 우크라이나에서 발행된 우표. 보르시와 그 재료들로 구성된
이미지가 재미나다.

다는 사실은 러시아 외교부와 의견을 같이했다. 이 음식
이 처음 만들어졌던 시기에는 호그위드가 주재료였다
는 것이다. 물론 당시 보르시의 맛과 형태는 지금과 많
이 달랐을 것이다. 오늘날 보르시의 핵심 재료인 비트는
우크라이나에서 10~11세기부터 재배되기 시작했고, 양
파나 토마토가 가미된 지금의 보르시 맛은 19세기 들어
완성됐다.

　그런데 실상 키예프 루시는 보르시뿐 아니라 역사적
으로 러시아의 발상지이기도 하다. 러시아 역사는 바이
킹 출신의 올레그Oleg가 북유럽에서 남하해 882년 키예
프Kiev(현 우크라이나 수도) 일대를 점령하면서 시작됐

　독성이 있어 맨손으로 만지면 가려움증 등을 유발할 수 있다.

다. 그는 이민족 정복자이긴 했지만, 원래 이 땅에 살고 있던 동슬라브 부족들과 함께 키예프 루시를 건국했다. '루시Rus'는 옛 노르만어로 '노 젓는 사람' 즉 바이킹을 뜻하는 말이었는데, 동슬라브 민족과 문화를 가리키는 명칭으로 쓰이게 된다. 988년 키예프 루시의 지배자인 볼로디미르Volodymir 대공이 그리스 정교를 국교로 수용하면서 이 나라는 유럽에 편입됐다. 아울러 키릴 문자 보급과 초기 러시아 문화의 형성이 이뤄진다.

11세기 들어 키예프 루시는 현재의 우크라이나, 벨라루스Belarus, 폴란드 동부, 러시아 서부(모스크바 포함)에 걸친 광대한 영토를 다스리며 번성했다. 하지만 왕족들의 집안싸움으로 쇠퇴하다 1240년 몽골의 침략을 받고 완전히 멸망했다. 14세기 이후 키예프를 비롯한 우크라이나 일대는 폴란드, 리투아니아, 몽골계 킵차크 한국이 나눠 갖는다. 이 과정에서 키예프는 폐허가 됐고, 도망친 일부 루시 사람들이 변방 도시 모스크바에 정착했다. 모스크바는 몽골에 협조한 대가로 자치권을 부여받으며 안정을 유지했다. 그 덕에 키예프를 대신해 루시의 새 문화 중심지로 발돋움할 수 있었다.

힘을 키운 이 지역의 루시는 모스크바 공국을 세워 15세기에 몽골 세력을 물리쳤다. 모스크바 공국은 여기서 그치지 않고 '루시의 나라'인 러시아Russia 제국으로 성장했다. 이때부터 루시의 언어와 문화는 모스크바를 중심으로 한 러시아, 드네프르강 상류의 백白러시아(오늘날의 벨라루스), 드네프르강 중류의 소小러시아(오늘날의 우크라이나)로 분리되며 다른 길을 걷는다. 몸이 멀어지면 마음도 멀어지는 법. 소통이 뜸해지면서 언어며 생활 방식이 달라졌다. 이처럼 알고 보면 한 뿌리에서 나온 형제지간이지만, 안타깝게도 루시의 후예 국가들은 남보다 못한 철천지원수 사이가 된다.

폴란드와 리투아니아 영주들의 학대에 시달린 우크라이나 농노들은 15세기 말부터 농장을 탈출해 코사크 Cossack라는 무장조직을 형성했다. 이들은 1648년 폴란드에 대항해 대규모 독립투쟁을 전개하면서 같은 핏줄인 러시아에 도움을 청했고, 러시아의 지원으로 우크라이나는 1667년 마침내 폴란드의 압제에서 벗어난다. 하지만 또 다른 불행이 시작됐다. 러시아 황제가 코사크의 자치권을 보장한다는 약속을 저버린 것이다. 결국 우크라이나는 거대한 러시아 제국의 일부로 전락해버린다. 19세기 이후 우크라이나의 민족주의 움직임이 거세지자, 러시아 제국은 동화 정책을 강제해 독립운동의 싹을 없애려 들었다. 물론 폭력적인 탄압도 불사했다.

우크라이나에 대한 러시아의 만행이 극에 달한 건 소련 시절이다. 1932~1933년 독재자 스탈린이 집단농장을 조성하는 과정에서 극심한 수탈과 인위적인 기아 정책을 자행한 것이다. 농민들이 집단농장 수용을 거부하자 스탈린은 농촌의 가축이며 곡물을 모조리 빼앗아갔다. 우크라이나 주민들이 아사餓死하는 가운데 강탈한 식량은 서방으로 수출됐고, 스탈린은 그 돈을 무기 생산에 썼다. '홀로도모르Holodomor'[10]라 불린 이 대기근으로 적게는 400만 명에서 많게는 1,000만 명(정확한 집계조차 없을 만큼 많은 이들이 죽었던 것이다)에 달하는 우크라이나 사람들이 목숨을 잃었다. 반발하는 지식인, 학생, 주민들은 모조리 끌려가 총살당했다. 도시 대로변에는 못 먹고 죽어 바싹 마른 시체들이 즐비했다. 굶주림을 못 견딘 나머지 일부 주민들은 어린 자식이나 행인을 살해해 인육을 먹기까지 했다고 하니, 얼마나 처참하고 끔찍했을지 차마 상상할 수도 없다. 이 생지옥에서 살아남은 주민들마저도 미국 등 해외로 도피하면서 우크라이나 인구는 급감했다.

소련이 해체되면서 우크라이나는 독립했지만, 양국 관계는 나아지지 않았다. 문제는 크림반도 강탈만이 아니었다. 우크라이나 동부의 러시아계 주민들이 반군을

---

10 우크라이나어로 홀로드holod는 굶주림, 모르mor는 몰살을 뜻한다.

조직해 독립을 주장하면서 정부와 싸우기 시작했다. 러시아는 반군 세력을 지원하고 나섰다. 사실상 우크라이나와 러시아가 전쟁에 돌입한 셈이다. 2014년 이후 이 전쟁으로 인한 사망자가 1만 4,000여 명에 이른다. 2019년 12월 두 나라 정상이 휴전에 겨우 합의해 포로 교환도 이루어졌지만, 여전히 전운은 감돌고 있다. '보르시 종주국 전쟁'이 새삼 불거진 건, 이처럼 불행한 역사 속에 쌓이고 쌓인 우크라이나 국민의 반反러시아 감정이 폭발한 결과로 보인다.

UATV는 보르시 뉴스 끝머리에 폴란드, 벨라루스, 터키 등 여러 이웃나라가 이 수프를 너무도 사랑해 각자 입맛에 맞는 스타일로 먹고 있지만, 보르시가 우크라이나 사람들이 수백 년에 걸쳐 창조해낸 음식이라는 사실에는 변함이 없음을 강조했다. 물론 마지막 일침도 잊지 않았다.

"이런 보물을 모스크바 같은 곳에서 '러시아 수프'라 부르며 자기네 유산이라 선포하기로 작심한 모양입니다."

1795년 폴란드·리투아니아 연합 왕국이 완전히 멸망했다.[11] 우크라이나의 운명은 심하게 뒤흔들렸다. 우크라이나 서부를 포함해 동유럽의 거대한 땅을 차지했던 나라가 사라졌으니 당연했다. 드네프르강 동부 지역은 이미 그 이전부터 러시아의 영향권 아래에 있었지만, 폴란드라는 경쟁자가 제거되자 상황이 더욱 악화됐다. 러시아가 우크라이나 대부분을 집어삼키며 본격적으로 식민지화에 나선 것이다. 이처럼 동유럽 정세가 급변하면서 우크라이나 사람들은 두 제국의 식민 지배에 시달리게 된다. 인구의 약 80%에 해당하는 동부 주민은 러시아 황제 치하에, 갈리치아Galicia 등 서부의 나머지 20%는 합스부르크 제국 테두리 안에 놓인다.[12]

우크라이나의 많은 땅을 귀속시킨 러시아 제국은, 이 지역의 민족색을 아예 말살시키려 들었다. 러시아인으로 완전히 동화시키면 독립의 싹이 사라져 함부로 다루기 편하리라 기대한 것이다. 공포의 여제로 악명 높은

---

11 러시아, 프러시아, 합스부르크 제국에 의해 1772년, 1793년, 1795년 세 차례에 걸쳐 영토 분할이 실시됐다.

12 Orest Subtelny, «Ukraine: A History», University of Toronto Press, 2000.

예카테리나 2세[13]는 우선 우크라이나 동부 주민의 농노화를 18세기 말에 일찌감치 마무리지었다. 대다수가 농노 신분에 묶여 고등 교육을 받은 엘리트가 거의 없었기 때문에 민족의식이 형성되기 어려워졌다. 다음으로는 종교를 건드린다. 이 지역에 널리 퍼진 동방귀일교[14]를 탄압하며 신도들을 러시아 정교회로 개종시키려 했다. 예카테리나 2세 사후에도 이런 식의 민족 및 문화 말살 정책이 쭉 이어진다.

19세기 이후 러시아 사학계는 우크라이나 역사를 러시아사 원류에서 찢겨나간, 부족 수준의 것으로 강등시킨다. 우크라이나 일대가 몽골계 타타르인과 폴란드의 지배로 인해 떨어져나갔지만, 원래는 러시아의 일부였다는 시각으로 학생들을 가르쳤다. 우크라이나를 '소러시아'라며 얕잡아 부른 것에도 이런 의도가 숨겨져 있었다. 급기야 1863년에는 우크라이나어 출판물을 금지하기에 이른다. 우크라이나어 낭독 행사나 공연도 불법 행위로 규정했다. 물론 우크라이나어 교육도 금지했다. 1940년대 황국신민화 정책의 일환으로 벌인 조선어학

---

13 1762년 군부와 결탁해 러시아 황제인 남편을 내쫓고 황위를 차지한 뒤 스스로를 대제大帝라 칭한 전제 군주였다.
14 러시아 정교와 교황의 권위를 인정하면서 그리스 정교의 의식과 관습을 지키는 우크라이나 서쪽 지역의 기독교.

회 사건 등 일제의 한국어 말살 시도가 떠오르는 장면이다.

반면 합스부르크 치하에 있던 갈리치아에서는 상대적으로 문화와 교육에 대한 탄압이 느슨했던 탓에 우크라이나어로 쓰인 책들이 꾸준히 출간됐는데, 러시아는 이 출간물을 수입하는 것도 막았다. 하지만 오랜 역사 속에 이어진 민족의 언어와 전통문화를 순식간에 없애는 건 쉬운 일이 아니다. 러시아 제국 치하의 우크라이나에서도 우크라이나어는 살아남았다. 우크라이나어는, 러시아와 차별화된 민족 정체성의 상징으로 민족주의의 중심에 있었다.

그런데 이처럼 박해 받았던 우크라이나 언어사에서 아주 중요한 책이 있다. 러시아의 통치를 받은 폴타바Poltava 태생의 작가 이반 코틀랴레프스키Ivan Kotlyarevsky가 1798년 발간한 《에네이다Eneida》[15]다. 《에네이다》는 키예프 일대의 방언으로 쓰인 서사시인데, 내용 전부가 우크라이나어로 적힌 최초의 문학 작품이다. 당시

---

15 기원전 20년경 로마의 시인 베르길리우스가 트로이의 영웅 아이네이아스를 주인공으로 쓴 서사시 《아이네이스》의 패러디 작품. 작가는 원작에 나온 트로이의 영웅들을 자포로제 코사크Zaporozihian Cossacks(우크라이나 동남부 지역으로, 코사크의 본거지)로 바꿔 이야기를 서술했다.

우크라이나에서는 문어文語로 러시아어를 사용했다. 우크라이나어는 수많은 지역 주민의 일상적인 소통 언어였음에도 불구하고 오랜 세월 구어口語로만 취급받으며 무시당했다. 이 틀을 깨고 순전히 우크라이나어로 문학작품을 써 현대 우크라이나 언어와 문학의 문을 연 주인공이 코틀랴레프스키다. 이를테면 '나랏말쓰미 러시아에 달아' 작성한, 조선의 《훈민정음》과 같은 기념비적 작품이다. 폴란드를 물리친 코사크 전사들을 주인공으로 한 이야기 역시 우크라이나 민족주의 형성에 기여했다는 평가를 받는다.

어쨌든 이 장문의 서사시에 보르시가 나온다. 코사크 전사들의 연회 장면인데, 내용은 다음과 같다.

그들은 산해진미를 맛보면서 시간을 보냈노라.
설탕에 절인 과일이며, 진귀한 온갖 과자며,
접시를 가득 채운 밀 경단dumpling이며,
캐비어로 속을 채운 봉긋한 롤빵이며,
마늘과 보르시와 사우어크라우트sauerkraut며,
버섯이며, 딸기를 올린 케이크며,
여기에 진한 크바스Kvass[16]를 곁들인 삶은 달걀이 놓였

---

16 호밀을 발효시켜 만든 동유럽 전통술.

2장 / 보르시, 우크라이나에서 러시아로

조르주 베커Georges Becker, <알렉산드르 3세와 마리아 표도로브나
황후의 대관식>(1888).

고,

또한 외국 요리사들이 먹음직스럽게 묘미를 더한 맛좋은 오믈렛이 있었고,

그리고 그들은 이 모든 음식을 안주 삼아 맥주를 진탕 마셨노라.

보르시는 애초에 가난한 우크라이나 농노들의 초라한 음식에서 출발했다. 들짐승 뼈며, 들녘의 채소며, 손에 잡히는 대로 구해 온 재료를 큰 솥에 넣은 뒤 물을 가득 붓고 끓여 넉넉한 양으로 우려낸 수프. 그걸 여럿이 둘러앉아 나누어 먹은 데에 원형이 있다. 그런데 《에네이다》에서는 화려한 잔칫상에 놓인 산해진미 중 하나로 등장한다. 보르시가 18세기 말이면 이미 우크라이나 식문화에 확실히 자리 잡아 별미 요리로 대우받았음을 알 수 있다. 그런데 보르시의 신분 상승은 우크라이나에서만 성공한 게 아니다. 러시아에서도 마찬가지였다.

러시아 황제 대관식 연회상에 오른
차르스키 보르시

1883년 5월 27일 모스크바의 크렘린Kremlin궁. 황금빛 기둥이며 벽마다 17세기풍의 프레스코화로 화려

하게 장식된 그라노비타야 홀 안으로 러시아 황제 알렉산드르Aleksandr 3세와 황후 마리아 표도로브나Maria Feodorovna가 들어섰다. 이날 대관식을 막 끝낸 부부가 전 세계 각국에서 찾아온 귀빈과 함께 자신들의 등극을 자축하는 연회에 참석한 것이다. 열흘 넘게 이어진 대관식 축제에 정점을 찍는 행사였다. 연회장에는 차이콥스키가 이날 행사를 위해 작곡한 '모스크바 칸타타'가 볼쇼이 극장 오페라단의 연주와 노래로 웅장하게 울려 퍼졌다. 세계에서 가장 넓은 땅의 주인이 된 황제와 황후는 거대한 황좌에 나란히 앉아 권위를 과시하며 연회를 즐겼다. 황제의 남동생들과 황실 귀족들이 직접 음식을 나르며 부부의 식사 시중을 들었다. 10가지 요리로 구성된 정식 코스의 첫 번째 음식은 보르시와 콩소메consommé(맑은 수프).[17] 우크라이나 농노들의 허기를 채우던 보르시가 러시아 제국의 가장 큰 공식 행사에 메뉴로 오른 것이다.

별로 놀랄 일도 아닌 것이, 보르시는 러시아 황실의 단골 메뉴였다. 물론 농노들이 먹던 가벼운 음식이 아니라 소, 닭, 오리 등을 6~7시간 동안 푹 우려낸 육수를 쓰

---

17 Richard Wortman, «Scenarios of Power: Myth and Ceremony in Russian Monarchy from Peter the Great to the Abdication of Nicholas II», Princeton University Press, 2006.

보르시 재료	양배추 반 통 혹은 1/4통, 당근 2개, 양파 2개, 중간 크기의 감자 4~5개, 고기 육수 2리터(쇠고기, 닭고기, 오리고기 등), 미리 익힌 비트 2~3개나 토마토 페이스트 4작은술, 파슬리, 코리앤더
육수 재료	깍둑썬 고기(쇠고기, 돼지고기, 닭고기, 오리고기 등) 2kg, 양파 2개, 마늘 4~5쪽, 파슬리 1다발, 당근 2개, 셀러리 100g
조리법	• 양배추를 잘게 썬다. • 감자는 깍둑썰기로, 양파는 먹기 좋은 크기로, 당근은 가늘게 채 썰어둔다. • 끓는 육수에 잘게 썬 양배추를 넣고 다시 끓인다. • 기름을 두른 팬에 채 썬 당근과 양파를 넣는다. • 강판에 간 비트를 팬에 더한 다음 살짝 튀기듯이 볶는다. 이를 육수에 넣고 90분 정도 푹 끓인다. • 기호에 따라 사워크림, 겨자무, 머스터드 등을 섞어 먹는다.

는 등 황실에 걸맞게 고급화된 이 보르시는 '차르스키 보르시царский борщ', 즉 차르Tsar(러시아 황제를 칭하는 말)의 보르시라 불렸다. 조리법은 위의 표와 같다.

황실 음식치고 비교적 소박했던 보르시는 미식의 나라 프랑스로 전파되며 서유럽에도 이름을 알린다. 19세기 러시아 황실이 고용했던 유명 프랑스 요리사들을 통해서다. 대제국을 세워 유라시아를 호령하게 된 로마노프 황가는 부귀영화를 누리며 식사에도 아낌없이 돈을 썼다. 그 영향으로 차르의 호화로운 식문화가 프랑스로 역수출되는 경우도 있었다. 여러 가지 고급 요리를 코스로 제공하는 오트 퀴진haute cuisine이 대표적이다. 원래 프랑스 왕실과 상류층은 음식을 한꺼번에 차려놓고 먹었다. 그런데 알렉산드르 1세의 요리사였던 프랑스인 셰프 마리 앙투안 카렘Marie-Antoine Careme이, 음식이 식지 않게끔 코스로 내왔던 러시아 황실의 식문화를 귀국길에 가져온 것이 오트 퀴진이 됐다. 차르스키 보르시도 이런 식으로 서유럽에 퍼졌는데, 특히 '현대 프랑스 요리의 황제'라 불리는 전설적인 프랑스 요리사 조르주 오귀스트 에스코피에Georges Auguste Escoffier가 이 붉은 수프의 매력에 푹 빠졌다.

에스코피에는 1890년 런던의 사보이 호텔 총주방장으로 일하면서 세계적인 명성을 얻었다. 당시 대영제국 수도로서 런던이 지닌 위상은 대단했다. 지금으로 치면 뉴욕과 같은 세계 경제의 중심지여서 각국에서 온 사업가며 귀족들이 물 쓰듯이 돈을 쓰고 갔다. 지금도 그렇지만 이런 상류층이 런던에서 숙박하는 초호화 호텔이 바로 사보이였다. 따라서 사보이 프렌치 레스토랑은 당연히 세계 식문화의 최고봉에 있었다. 이곳에서 에스코피에는 참신한 고급 요리들을 선보여 전 세계 미식가들로부터 극찬을 받았다. 러시아 황실 음식을 참고한 메뉴도 있었는데, 차르스키 보르시가 그중 하나다. 에스코피

알렉산드르 3세 대관식 연회의 메뉴판. 첫 번째 메뉴에 보르시가 올라 있다.

에가 프랑스식으로 재해석한 보르시인 포타주 보르치 Potage Bortch는 알렉산드르 2세의 대관식 연회에서처럼 코스의 첫 메뉴로 제공됐다.[18]

차르스키 보르시가 마지막으로 러시아 황제 대관식에 오른 건 1896년 5월, 로마노프 황가 최후의 승계자인 니콜라이Nikolai 2세 때다. 평소에도 낭비벽이 심했던 황제는 대관식에도 엄청난 돈을 퍼부어 아버지 알렉산드르 3세보다 더 성대한 잔치를 벌였다. 우유부단한 성격이라 대제국의 황제 감이 아니었지만, 부친과 마찬가지로 시대를 역행한 전제 군주로서 권위를 과시하고자 무리를 한 것이다. 20일 동안 사치스런 축하 행사가 이어졌고, 대관식의 공식 연회에는 무려 7,000여 명의 국내외 손님이 참석했다. 황제가 평소에도 좋아했던 보르시는 피로시키Piroschki(고기로 속을 채운 러시아식 만두), 생선찜, 크림소스 꿩 요리, 아스파라거스, 아이스크림 등과 함께 연회상에 포함됐다.

귀빈을 초청한 크렘린궁에서의 연회뿐만 아니라, 궁 밖에서도 황제의 자비심을 보여준다며 시민을 위한 잔치가 따로 열렸다. 그런데 이게 탈이 났다. 대관식 4일

---

18 Luke Barr, ≪Ritz and Escoffier: The Hotelier, The Chef, and the Rise of the Leisure Class≫, Clarkson Potter, 2018.

뒤인 5월 30일 모스크바 호딘카 들판Khodynka Field에서 열린 이 행사에서는 시민들에게 빵, 기념품 컵, 소시지, 맥주, 과자 등 선물을 나눠주기로 예정되어 있었다. 이를 받기 위해 행사 며칠 전부터 인파가 구름처럼 몰려들었다. 행사 당일 선물이 부족할 것이라는 소문이 퍼지자 약 10만 명이 입구에서 마구 밀치고 들어오기 시작했고, 아수라장이 벌어졌다. 공식 집계로만 1,389명이 압사했다. 실제 희생자 수는 4,000명이 넘었다는 기록도 있다. 소식을 들은 니콜라이 2세는 '불길한 징조'라며 공포에 휩싸였다고 한다.

정말 악마의 계시였던 걸까? 니콜라이 2세가 통치한 러시아 제국은 폭력과 비명으로 얼룩졌다. 비극의 시작점은 다름 아닌 조선이다. 황제는 일찍부터 아시아 식민지화에 눈독을 들이고 있었다. 황태자 시절이던 1891년 중국, 인도, 일본을 순방하고 귀국해 모스크바와 극동 지역을 연결하는 시베리아 횡단 열차 철로를 제안한 것도 그런 이유에서였다. 조선에서 영향력을 강화한 다음 이를 발판 삼아 중국, 티베트, 페르시아(이란) 등을 거느린 유라시아 대제국의 황제가 되겠다는 꿈을 꾼 것이다. 하지만 걸림돌이 있었다. 아시아의 신흥 제국주의 국가 일본도 조선을 식민지화하는 데 혈안이었던 것. 양국은 조선을 두고 갈등을 빚다 결국 러일전쟁(1904~1905년)

까지 벌였다.

니콜라이 2세의 전쟁 대비가 부실했던 반면, 일본군은 전력을 총동원해 러시아군을 연달아 격파했다. 전쟁에서 지고 있다는 소식이 전해지자 '어떻게 일본에 질 수 있냐'며 굴욕감에 휩싸인 러시아 민심이 폭발했다. 시대착오적 전제 정치와 실정에 쌓였던 불만이 한꺼번에 표출된 것이다. 곳곳에서 노동자와 농민의 권리 보장을 요구하며 항의 시위가 이어졌다. 결국 1905년 1월 9일 러시아 제국의 수도 상트페테르부르크Saint Petersburg에서 황제의 군대가 평화롭게 시위 중이었던 노동자들을 향해 총격을 가한다. 100명 이상이 희생된 '피의 일요일' 사건이다. 폭력 진압은 상황을 더욱 악화시켰고, 파업과 집회가 전국 규모로 확산됐다. 이는 제1차 러시아 혁명으로 이어졌다.

이런 분위기 속에 1905년 6월엔 심지어 군대 내에서도 반란이 일어났다. 흑해에 정박 중이던 러시아 전함 포툠킨Potjómkin호의 수병들이 함장, 장교 등 간부들을 죽이고 배 위에 프롤레타리아 혁명의 상징인 적기赤旗를 내건 것이다. 그런데 이 엄청난 사건은 보르시 때문에 터졌다. 당시 포툠킨호 일반 병사들의 배식 메뉴엔 쇠고기 보르시가 포함돼 있었다. 한 병사가 주방에서 보르시에 넣을 쇠고기에 구더기가 들끓는 것을 목격하곤 동료들에게 이를 알렸다. 그런데 선내 군의관은 구더기만 떼어내면 먹어도 문제없다는 식으로 대응했고, '구더기 보르시' 배식을 강행했다. 몇몇 수병들이 보르시 식사를 거부하자, 한 장교가 당장 먹으라고 겁박하던 중 흥분한 나머지 그 자리에서 군인 한 명을 총으로 쏴 죽이기에 이른다. 이에 모든 병사가 들고 일어나 반란을 일으킨다. 포툠킨호 반란이다.

반란은 실패로 끝났지만, '구더기 보르시'로 인해 촉발된 이 사건은 볼셰비키 활동에 커다란 자극을 주었다. 레닌이 혁명을 성공시키려면 군대를 끌어들여야 한다고 판단하는 결정적 계기가 된 것이다. 결국 1917년 3월, 두 번째 러시아 혁명이 발발해 니콜라이 2세는 황위에서 쫓겨났다. 그렇게 300년 넘게 이어져온 로마노프 황가가 최후를 맞았다. 비극은 여기서 끝이 아니다. 1918년 7월, 시베리아로 끌려간 황제와 황후, 황태자, 네 공주 등 일가족은 예카테린부르크Yekaterinburg의 어두컴컴한 지하실에서 볼셰비키 혁명대원들에게 총살당했다. 혁명대원들은 나중에라도 누가 찾아내지 못하도록 벌집이 된 황제 일가의 시체를 발가벗기고 황산까지 뿌려 녹였다고. 참혹한 형상의 시신들 위로 다시 석유가 뿌려졌고, 전부 불태워졌다.

포털사이트에서 '우크라이나'를 검색해보자. 연관 검색어에 '미녀'가 뜰 것이다. 뭐, '우크라이나에서는 김태희가 밭맨다'는 우스갯소리까지 있을 정도이니……. 차고 넘치는 미녀 콘텐츠에 비하면, 우크라이나의 다른 분야에 대한 정보량은 절대적으로 부족하다. 한국과의 교류 자체가 미미한 탓이다. 우크라이나는 2018년 한국의 수출국 75위, 수입국 59위에 그쳤다. 국가 경제 역시 1991년 소련에서 독립한 이후 거듭된 내정 혼란과 부패한 권력층의 영향으로 성장이 미진한 편이다. 2018년 GDP는 1,308억 달러로 세계 57위 수준.

하지만 우크라이나는 유럽에서 러시아 다음으로 영토가 넓은 대국(한국의 6배)이고, 인구도 약 4,400만 명에 이른다. 철광석, 우라늄, 망간, 천연가스, 원유 등 천연자원이 풍부하며 우주항공, 원자력 등에서 최고 수준의 기술을 보유하고 있다. 이뿐만이 아니다. 우크라이나는 '유럽의 빵 바구니'라 불릴 정도로 유명한 곡창 지대로 농업이 발달했다. 산악지대가 거의 없는 국토는 평지가 95%, 경작 가능 지역이 80%에 이른다. 끝없이 펼쳐진 비옥한 석회질의 흑토黑土에는 뭘 심든 잘 자라는데, 특히 밀 산지로 유명하다. 이는 상단이 푸른색, 하단이 노란색인 우크라이나 국기에서도 알아볼 수 있다. 각각 푸른 하늘과 황금빛 밀밭을 상징하기 때문이다. 곡물 수출량 순위에서도 밀은 세계 6위, 옥수수와 보리는 세계 4위를 차지하고 있다.

이처럼 풍성한 식재료 덕택에 우크라이나의 식문화는 풍요롭다. 하지만 한국인에게 우크라이나 음식은 낯설기 짝이 없다. 보르시라는 이름도 생소하지만, 혹여 이 음식 이름을 들어봤다고 해도 러시아 전통음식이라 여기는 경우가 많을 듯하다. 그런데 서울에 보르시를 맛볼 수 있는 우크라이나 레스토랑이 있다고 해 찾아갔다. 잠실의 '트리필리아'다. 이곳에서 키예프 출신의 유리이 코브리젠코Yurii Kovryzhenko 셰프와 주한 우크라이나 대사관의 야로슬라바 벨리카Yaroslava Velyka 서기관을 만나 보르시에 대한 대화를 나눴다.

나: 보르시는 우크라이나 국민 음식이라고 하잖아요. 다른 많은 전통음식이 있는데, 왜 보르시를 콕 집어서 국민 음식이라고 하는 건가요?

코브리젠코: 음, 같은 질문을 해보죠. 김치는 왜 한국의 국민 음식일까요?

나: 아, 무슨 뜻인지 알겠어요. 한식에서 김치는 숙명 같은 음식이죠, 설명이 필요 없는⋯⋯.

코브리젠코: 그렇죠? 마찬가지예요. 한국에 김치가 있다면, 우크라이나에는 보르시가 있어요. 김치 없는 한국 음식을 상상할 수 없듯이, 보르시 없는 우크라이나 음식은 의미가 없어요. 우크라이나 미식계의 왕이라 할 수 있죠.

벨리카: 보르시가 건강에 좋은 슈퍼푸드라는 사실도 무시할 수 없죠. 김치가 그렇듯이 말이에요.

코브리젠코: 맞아요. 고기와 채소가 듬뿍 들어가서 영양이 아주 풍부한 수프죠. 우크라이나 사람들은 매일 보르시를 먹으면서 하루를 살아갈 힘을 얻어요. 그게 국민 음식이 된 중요한 이유라고 생각해요. 또 보르시는 우크라이나의 역사와 문화를 함께해온 음식이기도 해요. 1917년 러시아 혁명 이전까지 우크라이나는 대가족을 이루고 살았어요. 한 가정에 9~10명의 구성원이 있는 게 예사였죠. 이렇게 많은 가족이 함께 밥을 먹으려면 한 끼 식사에도 넉넉한 양의 음식이 필요했겠죠? 옛 우크라이나 어머니들은 아주 커다란 솥에 보르시를 잔뜩 끓여놓곤 했어요. 대가족이 나눠 먹기엔 최적의 방법이라 할 수 있죠.

벨리카: 옛날만큼은 아니지만 요즘도 보르시는 한 번에 넉넉하게 끓여서 두고두고 먹는 음식이에요. 시간이 지날수록 재료 맛이 우러나면서 풍미가 더 깊어지거든요.

2장 / 보르시, 우크라이나에서 러시아로

한국에 온 이후로 보르시를 직접 끓여 먹곤 하는데, 다음 날 훨씬 맛있어져요.

나: 한국에서 김치찌개나 곰탕을 먹는 방식과 비슷하네요.

코브리젠코: 맞아요. 보르시는 끓여서 바로 먹는 게 아니라 하루 전쯤에 미리 해놔요. 숙성되면서 맛과 색이 훨씬 진해지니까요. 보르시는 세 가지 'S' 맛(신맛Sour, 단맛Sweet, 짠맛Salty)이 동시에 조화를 이루는 게 핵심이에요. 요즘에는 토마토 페이스트로 신맛을 강조하곤 하는데, 우크라이나에 토마토가 들어온 건 19세기 말이에요. 그 이전에는 신맛을 내기 위해 발효시킨 비트를 쓰기도 했죠. 어쨌든 보르시는 잘 숙성될수록 특유의 시큼한 풍미를 내요.

나: 어린 시절에 어머니가 해주신 보르시는 어땠어요?

코브리젠코: 우크라이나에서는 일요일에 가족들이 모여요. 할아버지, 할머니, 부모님, 형제들, 친척까지 한자리에 둘러앉아 식사를 하는데, 일요일이면 어머니가 커다란 솥에 보르시를 한가득 끓여 내주시던 기억이 나요. 아까 말한 것처럼, 일요일에 한꺼번에 넉넉히 끓여놓고 식사 때마다 간단히 데워서 내놓는 거죠. 제가 어렸을 때는 소련 시절이었어요. 물자가 워낙 부족해서 고기는 구경하기도 힘들었고 기껏해야 뼈나 구할 수 있

었죠. 그나마 닭고기는 구할 수 있어서 옛날에 어머니가 끓여주신 건 거의 닭고기 보르시였어요.

나: 셰프가 된 이후에 직접 만든 보르시에 특별한 점이 있나요?

코브리젠코: 비법을 다 공개할 수는 없지만(웃음) 말린 자두를 넣어요. 저는 우크라이나 북부 출신인데 그쪽 지방에서는 말린 자두를 쓰거든요. 사실 우크라이나에는 보르시 조리법이 200가지도 넘어요. 지역마다 특산물이나 그 지역 고유의 음식을 활용하니까요. 가령 폴타바 같은 중부에서는 할루슈카halushka(만두나 경단처럼 생긴 전통음식)를 넣어서 보르시를 만들어요.

나: 할루슈카 얘기가 나와서 말인데, 한국에서는 국물요리에 밥이나 국수를 말아 먹는데요. 간간한 국물과 담백한 밥, 국수가 어우러져 맛의 균형을 잡는 거죠. 보르시의 핵심 세 가지 맛에 짠맛이 포함되어 있으니 역시 간을 맞출 탄수화물이 필요할 것 같은데, 어떤가요?

코브리젠코: 빵을 곁들이죠. 흰 빵이 귀했던 20세기 말까지만 해도 호밀로 만든 검은 빵을 수프랑 함께 먹곤 했어요. 우크라이나에는 보르시 전용 빵도 따로 있어요. 팜푸슈카pampushka라고 해요. 이 빵을 마늘, 딜, 기름으로 만든 소스에 찍어서 보르시랑 같이 먹죠. 우크라이나 사람들은 마늘을 무척 좋아해요. 한국인 입맛과

번bun처럼 생긴 이 작은 빵이 팜푸슈카다. 전통적으로 구워 만드는
빵이지만, 때로는 튀겨 먹기도 한다.

2장 / 보르시, 우크라이나에서 러시아로

통하는 점이 있죠.

벨리카: 보르시 맛의 균형이라면, 라드도 빼놓을 수 없겠죠. 수프 맛을 훨씬 고소하고 부드럽게 만들어주니까요.

코브리젠코: 맞아요. 우크라이나에서는 라드를 국물에 많이 풀어 넣어요. 아, 저희 할아버지는 생양파를 사과처럼 큼직큼직하게 썰어서 보르시랑 같이 드시기도 했어요.

나: 그것도 한국이랑 비슷하네요. 한국에서도 추어탕이나 순대국집에 가면 생양파를 썰어서 반찬으로 주거든요. 진한 국물을 먹은 후에 입가심하는 용도로요. 주로 나이 지긋한 분들이 된장 찍어서 잘 드시죠.

어느덧 해가 서편으로 기울고 있었다. 코브리젠코 셰프는 "음식은 말보다 먹어보는 게 가장 이해하기 쉽다"며 주방으로 들어갔다. 시간이 조금 흐른 뒤, 그는 직접 요리한 우크라이나 정통 보르시를 손에 들고 나왔다. 때이른 저녁이지만, 새하얀 도자기 접시에 담긴 비트 빛깔의 빨간색 수프가 식욕을 자극했다.

보르시의 핵심적인 재료인 비트는 곱게 채 썰린 모양새였는데, 육수와 함께 오랜 시간 고아 식감이 부드러웠다. 씹어보니 특유의 새콤한 향만은 은은히 남아 있다. 과연 역사가 오래된 국민 음식답게 라드와 고기 육수가 내는 구수함, 양배추와 당근 같은 다양한 채소에서 우러나온 감칠맛이 조화를 이뤄 국물 맛이 깊다. 산미가 강하면서도 단맛 또한 적당히 감돈다. 잘 익힌 묵은지로 푹 끓인, 맵지 않은 찌개나 찜의 진한 풍미가 느껴진다. 뜨끈한 게 속 풀이 해장용으로 딱 좋겠다. 벨리카 서기관은 "보르시를 먹으면 잠깐 고향에 다녀온 기분이라 행복해진다"며 얼굴 가득 미소가 번졌다. 우크라이나 사람은 아니지만, 맛깔나게 시큼한 국물이 낯설지 않아서인지 나 역시 숟가락질을 멈출 수 없었다. 한번 목 너머로 넘기면 계속 먹게 만드는, 중독성 강한 수프다. 그릇 밑바닥까지 싹 비우고 다시 보르시 수다를 이어갔다.

　나: 조금 민감한 얘기가 될지 모르겠는데, 러시아나 폴란드가 보르시를 자국의 전통음식이라고 주장하고 있잖아요. 우크라이나 셰프로서 보르시 종주국 논쟁에 대해 어떻게 생각하는지 궁금한데요.
　코브리젠코: 우선 폴란드 보르시는 우크라이나 정통 보르시와는 많이 달라요. 양배추나 토마토를 넣지 않고 여전히 발효시킨 비트를 쓰고 있죠. 이름도 달라요. 바르슈치barszcz라고 부르죠. 맛과 식감도 다르고요. 아주 시큼해요. 우크라이나에는 '잘 만든 보르시는 숟가

코브리젠코 셰프가 내온 보르시. 보르시에 곁들여 먹을 호밀빵과 양파, 마늘 스프레드도 함께 내왔다.

락을 넣었을 때 움직이지 않는다'라는 말이 있어요. 살짝 뻑뻑한 식감이 나도록 만들어야 해요. 그런데 바르슈츠는 묽고 흥건해서 국물에 가까운 형태죠. 그리고 러시아의 경우는 말이죠, 러시아는 보르시 문화를 가져본 적이 절대 없어요(그는 'NEVER!'라고 강조해 표현했다). 소련 시절에 연방의 모든 대표 음식을 '소련의 미식 gastronomy of Soviet Union'이라고 규정한 것뿐이죠.

벨리카: 덧붙이자면, 과거 소련이라는 공동체의 정체성에는 여러 문화가 일조하고 있었잖아요. 소련 정부는 각 연방 공화국의 맛있고, 건강에 좋고, 개성 있는 별미들을 가져다가 소련 식문화의 일부로 삼아버렸어요. 보르시도 그런 식으로 소련의 전통음식으로 만든 겁니다.

코브리젠코: 예를 들어 아제르바이잔의 플로프plov(고기 등을 얹어 먹는 쌀밥 요리), 조지아의 샤슬릭Shashlik(꼬치구이)도 마찬가지예요. 러시아의 전통 수프라면 발효시킨 양배추로 만든 시가 있죠. 보르시는 러시아와 무관한 음식이에요. 러시아 제국 시절부터 먹었다고 쳐도 당시 속령이었던 우크라이나의 보르시 문화를 가져간 것뿐이니까 러시아 전통음식이라고 할 수 없죠. 러시아 황제가 프랑스 요리사들이 만든 푸아그라를 먹었다고 해서 그걸 러시아 음식이라고 정의할 수는 없잖아요?

나: 설명을 듣고 보니 보르시가 우크라이나 사람들에게 자부심이 대단한 음식이라는 사실이 다시금 느껴지는데요. 안타깝게도 한국에서는 보르시를 러시아 음식으로 치부하는 경우가 많은 듯해요. 러시아를 오가는 한국 관광객들이 늘고 있는 게 원인이겠죠? 한국에서 가까운 블라디보스토크가 TV에 자주 소개되면서 인기 관광지로 떴거든요. 러시아를 여행하는 관광객들이 보르시를 그곳 전통음식으로 알고 먹는 경우가 대부분이라 오해하지 않나 싶어요.

벨리카: 러시아에 우크라이나 사람들이 정말 많아요. 블라디보스토크도 마찬가지고요. 아마 한국 관광객들이 보르시를 맛보는 곳도 러시아 전통 식당이 아니라 우크라이나 음식을 파는 레스토랑일 걸요.

코브리젠코: 보르시를 제대로 음미하려면 라드, 마늘, 양파가 풍성하게 들어간 수프에 빵을 곁들여 먹어야 해요. 그게 진정한 우크라이나 보르시의 맛이죠.

이쯤에서 보르시 토론은 마무리됐지만 대화는 계속됐다. 기왕 먹는 얘기가 나온 김에, 보르시 말고 이런저런 다른 음식 이야기까지 나눈 것이다. 특히 우크라이나 식문화가 한식과 닮은 점이 있다고 해서 관심이 갔다.

코브리젠코: 한국에 와서 한식을 먹어보니, 우크라이나 식문화와 비슷한 점이 느껴져서 흥미로워요. 거리상 먼 나라잖아요. 채소를 발효시켜서 장기간 먹는 문화가 대표적이에요.

벨리카: 한국의 김치처럼, 우크라이나에는 양배추를 발효시킨 피클이 있죠.

코브리젠코: 저희 할머니는 오이, 토마토를 비롯해서 거의 모든 채소를 다 피클로 담가 드시곤 했어요. 심지어 수박도.

벨리카: 수박이라고요? 그건 우크라이나 사람인 저도 지금까지 먹어본 적이 없는데…….

코브리젠코: 집안 음식이죠. 저는 자주 먹었어요. 자두도 피클로 담가 먹어요.

나: 각종 채소의 발효 저장식품이라면 김치랑 같네요. 배추김치 말고도 파김치, 열무김치, 갓김치, 깍두기, 오이소박이 등 김치로 만드는 채소 종류는 무궁무진하니까요. 맛도 김치와 비슷한가요?

코브리젠코: 아뇨. 고춧가루를 쓰지 않아서 매운맛이 없죠. 시큼하기보다는 단맛이 강해요. 할머니가 만든 양배추 피클에는 사과가 들어가곤 했어요. 사과의 달콤함이 발효 과정에서 양배추에 고스란히 입혀지죠. 아, 죽이랑 비슷한 음식도 있어요. 쌀로 만들기도 하지만

귀리, 옥수수 등 우크라이나에서 많이 나는 곡물을 푹 끓여 부드러운 식감으로 먹죠.

벨리카: 한국에 와서 호박죽을 먹고 깜짝 놀랐어요. 우크라이나에 비슷한 음식이 있거든요.

나: 호박죽이요? 저도 호박죽 무척 좋아하는데, 우크라이나 호박죽 맛이 궁금하네요.

벨리카: 맛은 비슷한데, 식감이 달라요. 한국 호박죽은 물기가 많아서 수프 느낌이죠. 우크라이나 호박죽은 쌀알과 호박의 질감이 더 살아 있는 편이에요.

나: 국은 어때요? 한식에서 국은 정말 중요하거든요. 고기나 해산물, 채소로 끓인 국물 요리가 정말 다양하죠.

코브리젠코: 갈비탕이 최고였어요. 김치찌개도 잘 맞는데, 우크라이나에 양배추 피클로 끓인 카푸스니아크 kapusniak라는 비슷한 맛의 수프가 있어요. 저희 어머니는 그 수프에 훈연한 돼지갈비를 넣어서 요리하시곤 했죠.

아쉽게도 트리필리아에서는 더 이상 보르시를 판매하지 않는다. 코로나 바이러스가 퍼져나가면서 요식업계가 극한 상황에 처했을 때 코브리젠코 셰프는 레스토랑을 그만두고 귀국했다. 후임 주방장이 새 메뉴를 구성하면서 보르시는 빠지게 됐다고. 코브리젠코 셰프와 나

우크라이나 전통음식 상차림. 보르시(오른쪽 중앙) 아래에
카푸스니아크와 팜푸슈카가 놓여 있고, 그 옆으로 우크라이나식
감자전인 데루니deruni가 놓여 있다. 보르시 위에 놓인 만두처럼 생긴

바레니키varenyky는 양배추, 고기, 버섯, 코티지치즈, 감자 등을 넣어
만든다.

눈 열띤 음식 수다도 그렇고, 이제 더 이상 만날 수 없다
고 생각하니 시큼한 보르시 풍미가 더욱 그리워진다.

끝나지 않은 보르시 전쟁

러시아 외교부 트위터의 '보르시 전쟁' 발발 한 달 전
쯤인 2019년 4월 25일, 러시아 블라디보스토크 루스키
Russky 섬의 극동연방대학에 전 세계의 시선이 쏠린다.
러시아 대통령 블라디미르 푸틴과 북한 리더 김정은이
이곳에서 첫 정상회담을 가졌다. 이 회담에 관심이 쏠린
것은 비단 북한의 권력 일인자가 국경을 넘었다는 사실
때문만이 아니었다. 두 달 전인 2월 베트남 하노이Hanoi
에서 진행된 북·미 정상회담이 '노 딜No deal'로 싱겁게
끝나면서, 북핵 문제를 둘러싼 북한의 다음 행보에 물음
표가 찍힌 상황이었다. 하노이 회담 이후 김정은의 첫
외교 행보가 북·러 정상회담이었으니, 이 회담 자리가
관심을 모은 것은 지극히 당연한 일이었다.
　양국 정상은 따로 공동합의문을 발표하거나 공동성
명문을 채택하지 않았다. 제재를 받고 있는 북한 경제에
대한 러시아의 구체적 지원이 약속되지도 않았다. 회담
직후 푸틴 대통령만 기자회견을 가졌는데, "북한에는
자국 안보와 주권 유지를 위한 보장이 필요하다"는 원

론적인 의견을 피력하는 데 그쳤다. 양국 정상회담의 성과에 대해서는, 6자 회담 틀이 깨진 뒤 배제됐던 러시아가 한반도 정세에 다시 개입할 여지가 마련됐다는 평가가 지배적이었다. 북한으로서는 하노이 회담으로 타격을 입은 외교 이미지를 회복하고 미국에 경고 메시지를 보내는 효과를 얻었지만, 그럼에도 기대만큼의 결과를 얻지 못해서인지 김정은은 계획된 일정 일부를 취소하고 예정보다 빨리 귀국했다.

어쨌든 회담 분위기 자체는 나쁘지 않았다. 회담이 끝난 뒤 두 정상은 공식 만찬을 가졌다. 러시아 전통 무용 공연을 관람하면서 호화로운 저녁식사를 함께했는데, 메뉴에는 육류, 채소, 해산물이 고루 올랐다. 캐비아, 펠메니pelmeni(러시아식 삶은 고기만두), 사슴고기, 게살 샐러드, 딜 소스를 얹은 대구살, 구운 가지를 곁들인 쇠고기 요리 등이었다. 그리고 여기에 우크라이나 국민 음식인 보르시가 올랐다. 물론 러시아 전통 수프라는 자격으로 한 자리를 차지한 것이었지만.

올레그 코제먀코Oleg Kozhemyako 연해주지사는 만찬이 열리기 전 러시아 타스Tass 통신과 가진 인터뷰에서 "보르시, 펠메니 등 심플한 요리들이 나갈 겁니다. 확실한 러시아 전통음식들로만 말이죠"라며 음식의 '러시아 정통성'을 몹시 강조했다. 그래서인지 각국 언론의 보도에 이 보르시는 러시아 전통 수프로 소개됐다. 러시아 정부가 보르시 종주국 논쟁을 염두에 둔 채 일부러 만찬 메뉴에 보르시를 올렸는지는 알 수 없다. 의도가 어쨌든 간에 러시아 정부는 세계의 이목이 집중된 정상회담을 활용해 '보르시는 러시아 전통 수프'라는 메시지를 전파했다. 우크라이나 사람들로서는 기가 찰 노릇이다.

그런데 보르시가 정상회담 공식 만찬 메뉴에 오른 건 이번이 처음이 아니다. 2018년 5월 러시아 상트페테르부르크에서 푸틴과 마크롱(프랑스 대통령)의 회담이 있었다. 당시엔 차가운 보르시가 식탁에 올랐는데, 이때에도 러시아 전통음식으로 메뉴를 구성했다는 기사가 나갔다. 이뿐만이 아니다. 2014년 러시아 동계 올림픽에도 보르시가 '러시아 국가 대표 음식'으로 출전했다. 개막하기 3주 전쯤 올림픽 조직위원회는 선수촌에 26만 5,000리터 분량의 보르시를 제공한다고 밝혀 화제를 모았다. 전 세계인들에게 러시아의 맛을 알린다는 취지였다. 러시아에서 처음 열린 이 동계 올림픽은 세계인의 스포츠 축제라기보다는 장기 집권을 통해 무소불위의 '차르'가 된 푸틴의 치적 과시용 행사였다. 푸틴은 2007년 IOC(국제올림픽위원회)가 개최지를 선정할 당시 투표장(과테말라였다!)까지 가 직접 홍보 프레젠테이션을 하고, 동계 올림픽을 유치한 이후에는 여러 차례 선수들을 찾아 격려하는 등 상당히 공을 들였다. 이런 푸틴을 의식해서인지 주최국인 러시아는 금메달 수 늘리기에 혈안이었다. 석연치 않은 판정이 난무했고, 도핑 파문에 휩싸였다. 올림픽경기장이나 교통 인프라 건설에서 나온 엄청난 사업 이익을 푸틴 측근이 고스란히 가져가면서 부정부패 의혹에 휩싸이기도 했다. 우크라이나와 러시아 사이의 정치적 분쟁 음식인 보르시를 '러시아 전통 음식'으로 내민 것쯤은 일도 아니었다.

세계인의 눈치를 보긴 한 건지, 러시아의 크림반도 강제 합병은 소치 올림픽이 끝난 직후에 벌어졌다. 그런데 대회가 열리기 전부터 우크라이나에서는 이미 러시아의 내정 간섭에 반발하는 집회가 줄기차게 열리고 있었다. 반反푸틴 집회에 참가한 우크라이나 국민들은 주최 측에서 제공한 보르시를 나눠 먹으며 결의를 다졌다고 한다. 비슷한 재료로 끓인 보르시지만, 러시아 올림픽과 우크라이나 집회 현장에서 먹는 두 수프의 맛은 완전히 달랐을 것이다. 양국의 임시 휴전과는 별개로, 보르시 종주국 전쟁은 꽤나 치열한 장기전이 될 듯하다.

커리,
인도에서
영국으로

2017년 영국에서 개봉한 영화 한 편이 논란을 일으켰다. 바로 〈빅토리아&압둘Victoria & Abdul〉이다. 〈더 퀸〉(2006), 〈필로미나의 기적〉(2013), 〈플로렌스〉(2016) 등 실화를 소재로 한 작품을 다수 내놓은 스티븐 프리어즈 감독이 연출한 영화다. 제국주의 시대 영국 왕실을 배경으로 빅토리아 여왕과 인도인 시종의 특별한 우정을 다룬 이 영화 역시 실화를 바탕으로 했다.

이야기는 대략 이렇다. (스포일러를 원치 않는다면 이 부분은 넘어가시길) 1887년 영국령 인도제국British Raj의 무슬림 청년 압둘 카림은, 68세에 즉위 50주년을 맞은 빅토리아 여왕에게 인도의 축하 선물로 기념주화를 바치는 임무를 맡아 영국에 파견된다. 압둘은 축하연에서 시중을 들다 여왕의 발에 입맞춤을 하는데, 여왕은 그런 그를 개인 시종으로 고용한다. 이렇게 만난 두 사람은 국경도 신분도 나이도 초월해 돈독한 우정을 쌓는다. 대영제국 군주에게서 전폭적인 신뢰를 얻은 압둘은 시종 역할에서 나아가 여왕에게 인도 및 이슬람 문화를 가

르치는 영적 스승 문시Munshi가 된다. 심지어 여왕은 국정에 대해서도 압둘과 상의하기에 이른다. 왕세자를 비롯한 여왕의 자녀들과 총리 등 주변인들은 두 사람을 떼어놓기 위해 갖은 애를 쓰지만, 빅토리아 여왕은 이들의 만류를 반역이나 인종차별로 일축하면서 압둘에게 변함없는 애정을 쏟는다. 세월이 흘러 죽음이 임박한 여왕은 자신이 죽은 후 압둘이 해를 입을까 염려해 인도로 귀국할 것을 종용한다. 하지만 압둘은 마지막 순간까지 여왕의 곁을 지킨다. 결국 1901년 빅토리아 여왕이 82세의 나이로 사망하자 왕위에 오른 에드워드 7세는 압둘의 자택을 급습해 여왕과 관련된 모든 흔적을 압수해서 불태운다. 인종차별이 극심했던 영국 사회에서 여왕이 식민지 출신의 인도인 시종과 깊은 관계를 맺고 정신적으로 많은 영향을 받았다는 사실은 왕실과 국가의 수치로 여겨졌을 터. 이후 압둘은 식솔들과 함께 인도로 쫓겨나 여생을 보낸다. 그가 집 근처에 세워진 빅토리아 여왕 동상을 찾아가 발에 입맞춤을 하는 것으로 영화는 끝.

〈빅토리아&압둘〉은 흥행 성적만 놓고 보면 썩 나쁘지 않았지만, 작품성에 있어서는 혹평을 받았다. 헐거운 만듦새에 설득력 떨어지는 캐릭터 설정은 물론 제국주의 미화 논란에도 휩싸였다. 어쨌든 이 영화는 원작이 따

로 있다. 인도 출신 작가 쉬라바니 바수Shrabani Basu가 쓴
《빅토리아&압둘Victoria&Abdul》(2010)이다. 영국 왕실
이 애써 지워버린 카림의 존재를 바수가 되살릴 수 있었
던 건, 인도 하면 떠오르는 음식 커리 덕분이다. 바수는
1999년 영국에서의 커리 역사를 다룬 책 《왕관을 쓴 커
리Curry in the Crown》를 출간했는데, 이 책을 쓰는 취재
과정에서 빅토리아 여왕이 커리를 즐겨 먹었으며 그걸
카림이라는 인도인 시종이 요리했다는 사실을 알게 된
다. 바수는 이후 빅토리아 여왕이 여름 별장으로 애용했
던 오스본 하우스를 방문했다가, 화려한 의상을 차려입
은 채 위풍당당하게 서 있는 카림의 초상화를 보곤 의문
을 품는다. 아무리 봐도 귀족의 풍채이지, 하인을 그린
것이라고는 믿기 어려웠기 때문이다. 그녀는 이 궁금증
을 파고들어 카림이 그저 여왕의 시중만 들던 존재가 아
니라는 사실을 알아냈고, 이 내용을 《빅토리아&압둘》
로 쓴다.

　책이 출간된 뒤에도 취재를 계속했던 바수는, 카림의
일기를 그의 친척으로부터 입수한다. 그녀는 거기 담긴
영국 여왕과 인도인 시종, 아니 인도인 스승의 관계에
대한 내용을 보완해 초판이 나온 다음 해인 2011년에 2
판을 낸다. 영국 왕실이 카림이 귀국길에 가져간 일기만
큼은 미처 찾아내지 못했던 것이다. 어쨌든 영화 〈빅토

리아&압둘〉은 영국 커리에 대한 취재 과정에서 출발한, 커리에서 비롯된 작품인 셈이다. 정작 영화에서는 카림이 인도 향신료 요리에 대해 설명하는 장면만 나올 뿐 여왕의 커리 식사는 재현되지 않지만, 원작에서는 여왕과 커리의 첫 만남이 무척 중요하게 다뤄진다.

어느 날 그는 인도에서 가져온 향신료 상자를 들고 오스본 하우스의 주방에 들어갔다. 여왕을 위해 커리를 만들려는 것이었다. 왕실 주방 요리사들이 당황하는 가운데 카림은 칼질을 하고 마살라masala[향신료]를 뒤섞거나 빻았다. 주방 안에는 정향, 계피, 카다멈cardamom,[1] 커민, 육두구 향이 번져나갔다. 얼마 지나지 않아 카림은 치킨 커리, 달daal,[2] 향이 진한 필라프로 근사한 인도식 한 끼를 준비했다. 그게 다가 아니다. 카림은 이내 무굴제국 전통 황실 요리인 이국풍의 비리야니biriyani[3]와 덤 푸크트dum pukht[4]까지 선보였다. 주철냄비 안에서 부글부글 끓여낸 코르마korma[5]와 갈아놓은 아몬드, 크림

---

1 생강과에 속하는 인도 향신료.
2 콩을 주재료로 한 커리. 콩 자체를 가리키는 말이기도 하다.
3 생선, 고기, 달걀 등을 쌀과 함께 찐 인도 음식.
4 식재료 자체의 수분으로 쪄낸 인도 음식.
5 요거트나 크림을 넣어 만든 부드러운 맛의 커리.

을 진한 커리에 섞어 넣었다. 빅토리아 여왕은 난생처음으로 인도의 맛과 향을 마주하게 됐다. 그녀는 '훌륭하다'면서 커리를 식단에 자주 넣을 것을 명한다.

커리를 맛본 뒤 한 번도 가본 적 없는 식민지 인도에 관심을 갖게 된 여왕은 카림에게 인도의 문화와 언어를 가르쳐달라고 부탁한다. 이를 계기로 카림이 여왕의 개인 강사 문시로 고용된 것이다. 빅토리아 여왕은 인도 문화와 언어, 이슬람 교리를 열심히 배웠다. 궁전 안에 인도풍으로 꾸민 방을 마련할 정도였다. 카림은 여왕에게 인도 문화를 가르친 공을 인정받아 훈장까지 받았다. 요컨대 커리는 제국주의 영국의 여왕으로 하여금 식민지 인도의 매력에 푹 빠지게 만든 에스닉 푸드였던 것이다. 안타깝게도 여왕이 인도 문화에 심취한들 가혹한 식민 통치에 변화를 가져온 건 아니었지만. 그렇다 해도 백인 제국주의자들에게 소소한 복수 정도는 되지 않았을까. 영국 왕실의 지체 높으신 왕족과 귀족, 식민 통치를 주도한 정치인들의 자존심을 팍팍 무너뜨렸다는 점에서 말이다. 식민지에서 건너온 인도 남자에게서 받은 스트레스가 어찌나 대단했던지, 빅토리아 여왕이 사망한 직후 그녀의 딸은 어머니의 유품인 일기를 일일이 뜯어고치며 카림의 존재를 삭제했단다. 앞서 말했듯 새로

인도 음식 상차림. 노랗게 색을 낸 밥 아래로는 버터 치킨 커리가,
위로는 시금치와 파니르paneer(인도식 생치즈)를 넣어 만든 커리 '팔락
파니르palak paneer'가 놓여 있다. 둥근 쟁반 위에 놓인 여러 가지 음식 중
가장 큰 그릇에 담긴 것이 비리야니이며, 비리야니 왼쪽으로 콩 커리인

3장 / 커리, 인도에서 영국으로

달, 지라 알루jeera aloo(반찬처럼 먹는 감자 요리), 향신료에 재운
닭고기 조각을 꼬치에 끼워 구운 요리인 치킨 티카chicken tikka가 놓여
있다(티카는 '조각'을 뜻한다).

왕이 된 아들은 어머니가 카림과 주고받은 편지며 기념품을 모조리 불태웠고 말이다.

"치킨 티카 마살라는 영국 국민 음식"

빅토리아 여왕이 자기 식단에 커리를 넣으라고 주문한지 114년이 지난 2001년, 영국 외무장관 로빈 쿡Robin Cook이 한 연설에서 커리 요리의 일종인 치킨 티카 마살라Chicken tikka masala[6]를 "영국 국민 음식"이라 말해 큰 화제를 모았다. 그는 영국의 공동정책 싱크탱크가 주최한 행사에 참석해 다문화·다민족 국가로 탈바꿈한 영국이 그려나갈 밝은 미래상에 대해 연설했는데, 그 가운데 다음과 같은 내용이 있었다.

치킨 티카 마살라는 이제 진정한 영국의 '국민 음식 national food'입니다. 대중적으로 가장 인기가 높은 것은 물론이고, 영국이 다른 나라의 영향을 흡수하고 수

---

6 치킨 티카는 인도, 파키스탄, 방글라데시 등지에서 닭고기를 향신료와 요거트로 양념한 뒤 구워 먹는 음식이다. 치킨 티카 마살라는 이 치킨 티카에 걸쭉한 커리 소스를 듬뿍 끼얹어 먹는 음식인데, 인도에서 기원한 음식이라는 주장과 영국에서 개발된 영국식 인도 음식이라는 주장이 있다.

용하는 방식을 보여주는 완벽한 본보기이기 때문입니다. 치킨 티카는 인도 요리입니다. 마살라 소스는 고기에 그레이비를 얹어 먹는 영국인들이 (소스 없이 닭고기만 먹을 때 느껴지는) 허전함을 채우고자 더했습니다. 다문화주의를 우리 경제와 사회에 긍정적인 힘으로 받아들이는 것은, 우리가 '영국다움'을 이해하는 데에 중요한 영향을 끼칠 것입니다.

영국을 여러 민족이 어우러져 다채롭고 역동적인 나라로 만들어갈 것을 제시하는 훌륭한 연설이었다. 그런데 공교롭게도 "치킨 티카 마살라는 영국의 국민 음식"이라는 문장이 더 주목을 받는다. 영국 언론들은 이날 쿡이 한 연설을 '치킨 티카 마살라 연설'이라 칭했다. 강산이 두 번 변한 지금도 그렇게 불린다. 외식업계에서는 이 기회를 놓칠세라 치킨 티카 마살라 마케팅에 열을 올렸다. 이래서야 본말전도지만, 한편으로는 영국인들이 커리 맛에 얼마나 꽂혀 있는가를 보여주기도 한다.

쿡이 아무런 근거 없이 '국민 음식'을 들먹인 것은 아니다. 영국 식료품 배송업체 우바마켓Ubamarket이 2018년 영국인 2,004명을 대상으로 실시한 설문조사에서 '가장 선호하는 가정식' 1위에 커리가 꼽혔다. 그런 만큼 커리 관련 산업 규모도 상당하다. 영국인들이 인도 커리를

3장 / 커리, 인도에서 영국으로

런던 마켓에서 찾아볼 수 있는 갖가지 인도 커리. 주문을 하면 커다란
냄비에서 끓고 있는 커리를 국자 가득 떠서 그릇에 담아 내준다.

먹는 데 들이는 돈은 연간 2억 5,000만 파운드(약 3,753억 원)에 달하며, 영국 내 인도요리 전문점은 대략 1만 2,000곳으로 추정된다. 게다가 커리를 꼭 인도 식당에서만 먹을 수 있는 건 아니다. 전통적인 영국 식당이나 펍에서도 먹을 수 있다. 이를테면 300년 역사를 자랑하는 유명한 런던 펍 '올드 벨Old Bell'의 안주 메뉴에는 피시 앤 칩스나 피시 파이 같은 영국 향토음식과 함께 치킨 티카 마살라가 있다. 어떤 도시를 가든 인도 식당을 한 군데는 꼭 찾을 수 있을뿐더러 런던에서 젊음의 거리로 통하는 브릭레인Brick Lane에는 아예 인도 식당만 몰려 있는 구역도 있다. 슈퍼마켓 도시락 중에도 커리가 상당히 많다. 영국에서 흔히 볼 수 있는 슈퍼마켓 체인인 테스코나 세인즈베리에는 자체 상표를 달고 나온 커리 도시락이 있는데, 저렴한 가격에 변변치 않아 보이는 모양새와는 달리 맛이 꽤 괜찮다. 전자레인지에 돌려 따끈하게 데운 커리 도시락은 한국의 인도 음식점에서 비싼 값 주고 먹은 것과 비교해도 썩 뒤처지지 않았다.

인도 커리가 어쩌다 영국 국민 음식이 됐을까? 향이 워낙 강해 자칫 거부감을 불러일으킬 수 있는, 이질적인 음식인데도 말이다. 오늘날 영국의 '커리 붐'에 빅토리아 여왕이 중요한 역할을 한 건 맞지만, 그게 다는 아니다. 영국과 인도는 제국주의와 식민 지배를 계기로 오랜 세월 활발한 교류(별로 좋지 못한 방식이었지만)를 이어 왔고, 이러한 교류에서 커리는 상당한 비중을 차지했다. 어떤 면에서는 커리가 양국의 소통을 상징하는 음식이라 할 수도 있겠다. 이제부터는 그 과정을 커리의 역사와 함께 들여다보려 한다.

그런데 이야기를 시작하기 전에 잠깐 옆길로 새서, 치킨 티카 마살라 연설의 주인공인 쿡 전 외무장관에 대해 조금만 더 이야기해보겠다. 그는 보기 드물게 소신이 뚜렷한 정치인이자 달변가였는데, 좌파 자유주의자이자 노동당 의원으로서 평소 반전, 평화, 인권, 공존 같은 메시지를 강조했다. 냉전이 아직 끝나지 않은 1980년대에도 표심에 아랑곳하지 않고 핵무기 철폐를 주장할 정도였다. 1997년 노동당이 18년 만에 정권을 되찾아 토니 블레어 내각이 들어설 때 외무장관에 발탁됐으나, 블레어가 당시 미국 대통령이었던 조지 부시의 호전적 외교 노선에 발을 맞추자 반대 의사를 굽히지 않다가 2001년 외무장관직에서 해임되기까지 했다. 이후 하원 원내 총무로 자리를 옮긴 후에도 미국과 영국이 이라크 전쟁에 명분으로 내세운 대량살상무기 보고서가 "취사선택된 것들"일 뿐 신빙성이 없다고 비판해 정권과 대립각을 세웠다. 결국 2003년 미국은 이라크 침공을 개시했고, 영국 정부는 이에 동참했다. 그러자 쿡 전 장관은 항의의 뜻으로 정계 은퇴를 강행했다. 자리에 연연하지 않고 자신의 정치철학을 고집하며 국민에게 반전운동 동참을 호소한 것이다. 의회를 떠날 때 그는 "전쟁의 문턱은 항상 높아야 한다"는 명연설을 남겨 박수갈채를 받았다.

사생활이나 공무에서 잡음이 있긴 했지만, 약자와 소수를 배려하는 정치철학은 국내외에서 많은 귀감을 샀다. 앞서 언급한 것처럼 '치킨 티카 마살라 연설'의 주요 메시지도 커리의 국적을 따지자는 게 아니라 소수 이주민들과의 공존에 대한 당부였다. 이때 그는 인종차별주의자들을 겨냥하듯, 영국이 원래부터 앵글로-색슨의 단일민족 국가가 아니라는 이야기까지 꺼냈다. 쿡 전 장관은 2005년 심장마비로 급사했지만, 생전 그의 다문화 융합 노력에 부응한 것인지 2016년 5월 런던시장 선거에서 파키스탄 이민자 가정 출신의 무슬림 정치인 사디크 칸Sadiq Khan이 노동당 후보로 출마해 당선됐다.

하지만 세상이 그리 쉽게 변할까? 2017년 영국 최대 부동산 임대업자 퍼거슨 윌슨은 커리를 인종차별의 수단으로 들먹여 파문을 일으켰다. 거래하는 중개업자들에게 "카펫에 커리 냄새 배니까 유색인종과는 계약하지 않겠다"고 고지한 것이다. 외무장관이 커리를 "영국의 국민 음식"이라 선언할 만큼 영국인들이 오랜 세월

그 향에 친숙해져왔다는 점을 감안하면 느닷없는 조치였다. 브렉시트로 야기된 백인우월주의의 광풍이 유색인종 이민자들에 대한 맹목적인 적개심을 커리에 투영시킨 결과다. 커리의 수난은 이게 다가 아니다. 브렉시트 결정 이후 영국에서 인도 출신들이 운영하는 커리 하우스curry house는 큰 타격을 받았다. 영국 언론은 이민법 강화로 인도계 종업원 부족이 심각해진 상황을 원인으로 꼽았다. 영면 중인 쿡 전 장관이 듣는다면 무덤을 박차고 뛰쳐나올 일이다.

카리, 커리, 카레

커리는 인도 음식이지만, 인도에는 커리가 없다. 대체 무슨 소리인가 싶은 이 모순적인 단정이 말이 되는 건, 외국에 널리 알려진 '커리'의 명칭이나 범위가 인도에서는 전혀 다르게 쓰이고 있어서다. 커리라 하면 우리는 흔히 다양한 향신료를 배합해 만든 소스를 밥이나 난 등에 얹어 먹는 모습을 떠올리곤 한다. 영국의 커리는 그런 음식이 맞다. 영국을 통해 커리 문화를 접한 나라들에서도 마찬가지다. 가령 일본에서는 메이지 시대에 영국식 커리를 들여와 자신들이 발음하기 쉬운 '카리カリー' 혹은 '카레カレー'라는 명칭으로 바꿔 부르며 먹기 시작

했다. 이것이 일제강점기 한국에 전해지면서 일본어 발음을 그대로 차용한 '카레'가 된 것이다.

하지만 정작 커리의 고향인 인도에서는 '커리'라는 말이 쓰이지 않는다. 향신료 종류나 재료, 조리법 등에 따라 부르는 이름이 천차만별인데, 삼바르sambar,[7] 코르마, 달 등이 그것이다. 이런저런 향신료를 배합한 커리 가루는 마살라(마살라는 '향신료'를 뜻한다)라 하는데, 어떤 향신료가 들어갔는지에 따라 가람 마살라, 탄두리 마살라, 차트 마살라 등 이름이 달라진다. 다시 말해서 커리는 인도에서 비롯된 음식이지만, 인도 사람들에게는 이 수많은 음식을 '커리'처럼 하나로 묶어 부르는 말이 없다. 그렇다면 어쩌다 커리라는 이름이 붙여졌는지 궁금해지는데, 영어의 curry는 타밀어(인도 동남부 및 스리랑카 지역에서 쓰는 언어)의 '카리kari'에서 왔다는 것이 정설로 통한다. 그런데 타밀어 kari의 정의도 복잡하다. 우선 커리와 연관성이 가장 높아 보이는 건 '매운 소스'나 '육즙'이라는 뜻이다.[8] 그런데 현대 타밀어에서

---

7 콩, 채소, 타마린드tamarind 등을 넣어 만드는 인도식 채소 스튜. 타마린드는 콩과科 식물의 열매로, 딱딱한 껍질에 둘러싸인 진득한 과육을 말려서 쓴다. 새콤한 맛을 내며, 삼바르 같은 남인도 요리에 필수적인 재료다.

8 Apurba Kundu, 《A Postcolonial People: South Asians in Britain》, C. Hurst & Co. Ltd, 2006.

kari는 '고기', '채소나 채소를 활용한 음식', '밥에 곁들여 먹는 반찬' 등 향신료와 상관없는 먹거리를 뜻하기도 한다.[9] 물론 타밀어 카리 어원설 외에도 힌디어 '카라이karai/karahi'(인도식 프라이팬) 어원설, 프랑스어 '퀴르cuire'(음식물을 익히다) 어원설 등이 있다.[10]

어원이 어떻든 간에 향신료를 사용한 인도 요리의 역사는 인더스 문명 시대까지 거슬러 올라간다. 기원전 2500년에 시작된 인더스 문명의 하라파와 모헨조다로 유적에서 향신료들을 배합한 가루가 발굴됐다. 고대인들이 남긴 이 가루에서는 겨자, 커민, 사프란, 회향, 타마린드 등이 검출됐다.[11] 비교적 최근인 2010년에 발굴된 파키스탄의 파르마나 마을 유적지에서도 커리 흔적이 발견됐는데, 여기에는 가지, 생강, 강황, 커민, 망고 등이 포함돼 있었다. 오늘날 인도 커리에 들어가는 것과 흡사하다. 그러니까 이미 4,500년 전쯤부터 청동기 시대의 인도인들이 21세기 현대인들과 비슷한 향의 커리를 먹었을 것이라는 얘기다. 커리는 인류 문명과 함께 시작

9 Franklin C. Southworh, 《Language and Society: Anthropological Issues》, Mouton Publishers, 2011.

10 Apurba Kundu, 앞의 책.

11 Jo Monroe, 《Star of India: The Spicy Adventures of Curry》, John Wiley & Sons, 2005.

3장 / 커리, 인도에서 영국으로

인도 요리에 쓰이는 '마살라'(향신료). 우리가 익히 아는 강황이나 고추,
후추, 마늘, 월계수 잎 등에서부터 카다멈, 커민, 회향, 정향, 육두구,
메이스, 코리앤더 등 인도 요리에는 정말이지 온갖 향신료가 들어간다.

해 지금까지 이어져온 생생한 유물이라 해도 과언이 아니다. 앞서 파르마나 유적지의 고대 커리는 2016년 인도 요리사 소이티 바네르지Soity Banerjee가 재현한 바 있는데, 레시피는 다음(155쪽)과 같다.

옛 인도 사람들은 향신료를 조미료만이 아니라 약용으로도 활용했다. 강한 향이 육신과 정신을 모두 개선시킨다고 믿었기 때문이다. 실로 그렇다. 인도인들이 고대부터 먹어온 강황이 항암, 항산화, 항염 등에 효과가 있다는 사실은 잘 알려져 있다. 커리의 노란빛을 내는 향신료이기도 한 강황은 베다Veda 시대[12]의 의학 요법 아유르베다Ayurveda에 산스크리트어로 '비슈누 신이 자신의 몸에 사용하는 것'이라고 소개됐다.[13] 비슈누는 힌두교에서 시바, 브라흐마와 함께 3대 신으로 꼽히니, 그 신이 상복하는 강황은 인도에서 최고의 약품이자 조미료이자 염료로 여겨져왔다.

---

12 기원전 1500년~기원전 500년. 중앙아시아의 유목민인 아리아족Aryan이 철기를 갖고 인도에 들어와 인더스 문명을 성립시킨 선주민을 정복한 뒤 정착한 시대. 전기와 후기로 나뉜다. 다신교를 믿은 인도의 아리아인은 신을 찬양하는 경전 《베다》를 편찬했는데, 여기서 베다 시대라는 용어가 나왔다.

13 K.P. Prabhakaran Nair, 《The Agronomy and Economy of Turmeric and Ginger: The Invaluable Medicinal Spice Crops》, Elsevier, 2013.

재료	가지 6~7개, 생강 1개, 강황 1개(혹은 강황 가루 1/4작은술, 소금, 망고 1개, 참기름 2~3큰술, 커민 1/4작은술, 설탕 약간, 스위트 바질 약간(선택)
조리법	• 생강, 강황, 커민을 갈아서 섞어 즙 형태로 만든다. 이 즙을 몇 분간 참기름에 볶는다. • 여기에 가지를 작게 잘라 넣고 소금으로 간을 한 다음, 가지가 충분히 익을 때까지 뚜껑을 덮은 채 가열한다(수분이 부족하다 싶으면 물을 살짝 넣는다). • 망고를 깍둑썰어 넣는다. 설탕을 넣고 잘 저어준 뒤 망고가 익을 때까지 몇 분 더 가열한다. • 바즈라 로티(넓고 평평하게 생긴 인도 빵)를 곁들여 식탁에 낸다.

다시 말하지만 영국에서 '커리'라 싸잡아 부른 인도 요리는 실로 무궁무진하다. 고대 문명지인 사실에서도 알 수 있듯이 인도는 예부터 풍요로운 땅이었다. 여러 민족이 번갈아가며 인도를 침략했고, 그 과정에서 힌두교, 불교, 이슬람교 등 다양한 종교가 들어왔다. 여러 민족과 종교가 가져온 각기 다른 향신료, 식재료, 조리법은 인도 땅에서 새로운 음식을 꾸준히 탄생시켰다. 방대한 영토와 엄청난 인구도 음식 다양성에 중요한 배경이 되었다. 인도 국토 면적은 한국의 약 33배에 이르며, 인구는 13억 6,641만 명으로 중국에 이어 세계 2위에 올라 있다. 인종이 섞여 있을 뿐만 아니라 공용어는 무려 22개에 달한다. 신분을 엄격히 나누었던 카스트 제

도는 음식에도 뚜렷하게 선을 그었다. 귀한 신분과 천한 신분은 먹는 음식도, 먹는 방식도 달랐다. 한국처럼 작은 나라 안에서도 지역별 향토음식이 발전했는데, 인도의 커리, 아니, 커리라고 통칭된 음식의 종류는 얼마나 많을까.

지역에 따른 향신료와 식문화의 차이는 넓게 보면 인도 북부와 남부에서 뚜렷이 나타난다. 나라가 워낙 크고 인구가 많기도 하지만, 북부와 남부의 기후, 인종, 문화가 다르니 당연한 결과다. 북부에서는 고수, 커민, 강황, 고춧가루, 카다멈, 정향, 계피, 회향 등 향이 강하고 색이 진한 것을 선호한다. 반면 남부에서는 커리 잎, 타마린드, 호로파fenugreek,[14] 후추 등을 주로 써왔다. 조리법에서도 북부는 향신료를 미리 배합해 요리 시작 단계에서부터 재료에 함께 넣는 식이지만, 남부는 조리가 끝날 즈음에 넣거나 아예 향신료 기름을 따로 내서 완성된 음식에 붓는 식이다.[15] 또 북인도에서는 화덕에 구운 밀가루 빵을 많이 먹는 반면, 남인도에서는 쌀이 주식이다. 쌀밥을 중심으로 향신료나 양념으로 간을 맞춘

---

14 콩과 식물의 열매로, 콩깍지 안에 든 작은 연녹색 열매를 말려서 쓴다. 생크림을 넣어 만드는 요리에 곧잘 쓰인다.

15 Atul Kochhar, «Atul's Curries of the World», Bloomsbury Publishing, 2015.

전통적인 남인도 상차림. 쟁반이 아닌 널찍한 바나나 잎에 음식을
차려내는 식당도 있다.

음식이 반찬처럼 곁들여지는 것이다. 단순하게 말하자면 커리에 난을 곁들여 먹는 건 북부식, 쌀밥을 곁들여 먹는 건 남부식이다. 이렇게 본다면 '오뚜기 카레'로 만든 한국식 카레라이스는 남인도 스타일을 닮았다고 볼 수 있다.

타지마할을 닮은 무굴 황실의 향신료 요리

1526년 중앙아시아에서 온 무슬림 유목민이 인도를 침략한다. 이들은 북인도의 이슬람 왕국을 함락시키고 델리와 아그라를 차지한 뒤 무굴 제국을 세운다. 초대 황제인 바부르Bābur는 티무르[16]와 칭기즈 칸의 후손임을 자처했는데, '무굴'은 페르시아어로 '몽골'을 뜻한다. 유라시아를 휘젓고 다닌 몽골 제국의 후예답게, 무굴 제국 황제들은 인도에 세워진 여러 왕국을 차례로 점령하며 국토를 계속 확장해나갔다. 한때 그 영역은 북서쪽으로는 아프가니스탄, 파키스탄, 타지키스탄에까지 이르렀고, 북동쪽으로는 방글라데시, 네팔 남부에까지 이르렀다. 남인도 정벌에도 적극적으로 나서 18세기 초 무렵

---

16 1370~1507년 중앙아시아, 이란, 아프가니스탄 일대를 지배한 티무르 제국의 설립자.

이면 최남단 지역을 제외한 인도 전역이 무굴 제국에 편입됐다. 하지만 제국의 중심은 북인도였고, 남인도에 지배권을 행사한 기간은 길지 않았다. 이는 남부와 북부의 식문화가 차이를 보이는 한 요인이 된다.

대제국이 성립되고 정치가 안정되자 문화가 융성했다. 앞서 말했듯이 무굴 제국의 뿌리는 동아시아 몽골에 있었으며, 바부르 황제는 중앙아시아 출신이었다. 또한 일찌감치 이슬람교로 개종하면서 페르시아 및 아랍 문화의 영향을 많이 받았다. 황실의 공식 언어가 페르시아어였다는 사실에서도 이를 짐작할 수 있다. 황족은 무슬림이었지만, 제국 초기에는 힌두교도들과 큰 갈등 없이 평화롭게 공존했다. 특히 3대 황제인 악바르 Akbar 대제는 고위 관리직에 힌두교도를 임명하는 등 비非무슬림에 대한 차별 정책을 폐지했고, 두 종교의 화합을 증명하기 위해 스스로 힌두 제후의 딸과 결혼하기도 했다. 이슬람교와 힌두교의 혼합 종교인 시크교가 탄생한 것도 이 무렵이다. 이렇듯 다채로운 종교가 하나로 어우러진 무굴 제국의 문화는 독특한 매력을 띠게 된다.

대표적인 예가 타지마할이다. 세계적 랜드마크인 이 건물의 웅장하면서도 우아한 건축 양식은 이슬람교와 힌두교의 특징을 조화롭게 머금고 있다. 지극한 애처가였던 황제가 먼저 세상을 뜬 왕비를 그리워하며 무려 22년에 걸쳐 지었다는, 흡사 궁전 같은 묘지다. 주인공은 무굴 제국의 5대 황제 샤 자한Shah Jahān과 왕비 뭄타즈 마할Mumtaz Mahal. 수려한 곡선을 자랑하는 이 건축물이 황제 부부의 애틋한 러브 스토리만 간직했다면 좋았겠지만, 패륜적인 사연까지 얽혀 있다. 말년에 샤 지헌은 아들에게 황위를 뺏기고 탑에 갇힌 채 8년을 더 살다 외롭고 비참한 죽음을 맞았다. 감옥이나 다름없는 좁은 방에서 창문을 통해 볼 수 있는 바깥세상이라고는 타지마할 정도가 다였다고 한다.

어쨌든 무굴 제국의 식문화는 바로 이 타지마할을 닮았다. 황실에서는 유제품과 육류를 즐겨 먹는 유목민 입맛에 인도와 아라비아의 각종 향신료, 조리법이 결합된 무굴 요리Mughlai cuisine가 각광을 받았다.[17] 무굴 황제들은 강한 향과 매콤한 맛을 좋아했으며 황실의 위상을 과시하기 위해 음식의 화려한 색감과 모양새를 중시했다. 또한 유목민 출신답게 유제품 특유의 고소한 맛과 시큼한 맛을 즐겼고, 채식 위주였던 힌두교도들과 달리 탄두

---

[17] 무굴 제국 성립 이전에 인도에 세워진 이슬람 왕국들의 왕실에서 이미 퓨전 음식 조리법은 만들어졌다고 한다. 무굴 황실이 강대해지자 이들의 식문화를 흡수해 '무굴 요리'라 부르게 됐다.

르(화덕)에 구운 고기 요리를 선호했다. 육류는 (이슬람교가 금하는) 돼지고기와 (힌두교가 금하는) 쇠고기 대신 양고기와 닭고기가 주로 쓰였다. 또한 기ghee,[18] 우유, 크림, 요거트 등을 넣어 걸쭉하게 만든 소스나 스튜 종류가 많았다.

이들 무굴 궁중요리는 페르시아어로 적힌 《누스카 이 샤자하니Nuskha-e-Shahjahani》, 《알완 이 네맛Alwan-e-Nemat》 등의 황실 요리책에 그 조리법이 전해지고 있다. 무굴 제국 이전의 인도 이슬람 왕국들에서 편찬된 요리책들 역시 힌두와 무슬림이 섞인 퓨전 음식 조리법을 다수 전하고 있다. 이 요리들은 인도가 영국 식민지로 전락한 뒤에도 펀자브[19] 지방 등 북인도를 중심으로 계승돼 오늘날 인도 요리의 모태가 됐다. 한국에서도 잘 알려져 있는 '탄두리 치킨'이 대표적인 무굴 요리다. 닭을 요거트에 재웠다가 향신료로 양념해 탄두르에 구운 음식이니, 아랍 요리와 인도 요리의 특징을 고루 갖췄다. 샤 자한 시대의 황실 요리책 《누스카 이 샤자하니》는 2007년 인도의 음식 역사학자 살마 후세인Salma Husain에 의해 번역서가 출간된 바 있다. 다음(163쪽)은 책에

---

18 물소 젖으로 만든 인도의 정제버터.
19 인도 북서부와 파키스탄 중북부에 걸쳐 있는 지역.

인도 음식점을 통해 한국에도 잘 알려져 있는 탄두리 치킨. 향신료로
양념한 닭을 긴 꼬챙이에 꿰어 탄두르에 넣고 구워 만든다.

실린 '아시 이 나쿠디Aash-e-Nakhudi(진득한 양고기 채소
수프)'의 레시피다.

　무굴 제국은 1857년까지 17명의 황제가 다스리며 331
년간 이어졌지만, 국력은 한참 전에 기울었다. 이슬람교
와 힌두교 사이에 갈등이 촉발됐기 때문이다. 아버지 샤
자한의 황위를 찬탈한 아우랑제브Aurangzeb 황제는 호
전적이고 무자비한 독재자였다. 독실한 이슬람 신자이
기도 했던 그는, 화합을 추구한 부친과는 정반대로 힌두
교 등 다른 종교를 탄압했다. 이는 즉각적인 반발을 샀

재료	중간 크기로 자른 양고기 2kg, 기 500g, 얇게 썬 양파 500g, 소금, 다진 생강 40g, 깍둑썬 비트 250g, 깍둑썬 당근 100g, 깍둑썬 순무 250g, 정향 3g, 달걀흰자(1개), 설탕 750g, 레몬즙(3개), 코리앤더 40g, 구워서 으깬 아몬드 가루 20g, 이긴 쌀밥 40g, 계핏가루 3g, 그린카다멈 가루 3g, 흑후춧가루 10g, 시금치 125g, 딜 반 다발, 사프란 3g, 물 적당량
조리법	• 달군 팬에 기를 녹인 뒤, 양파를 넣어 갈색이 될 때까지 볶는다. • 팬에 준비한 양고기 절반(1kg)을 넣는다. 소금으로 간을 하고 다진 생강을 넣은 다음, 양고기 색이 변할 때까지 굽는다. • 양고기가 어느 정도 익으면 충분한 물을 붓는다. • 비트, 당근, 순무를 물 3컵과 함께 넣은 뒤 약불로 익힌다. • 양고기와 채소가 익고 팬에 물이 1컵 반 정도 남았을 때, 육수에서 양고기와 채소를 건져낸다. • 육수는 한 번 거른 뒤 정향 2g을 넣고 끓여둔다. • 남은 양고기(1kg)를 곱게 다져 습기 없는 도피야자do-piyazha[20]를 만든 뒤, 반죽이 될 때까지 저민다. • 휘저어 섞은 달걀흰자를 반죽에 넣는다. • 반죽으로 구슬만 한 미트볼을 만들어 고온의 기름에 튀긴다. • 레몬즙을 넣고 일정한 농도의 설탕 시럽을 만든 뒤, 이 시럽 절반을 준비해둔 육수에 넣어 끓인다. • 코리앤더와 간 아몬드, 이긴 쌀밥을 육수에 넣고 잘 섞는다. • 계핏가루, 정향, 그린카다멈 가루, 흑후춧가루를 뿌리고 잘 섞는다. • 시금치, 딜, 양고기 미트볼을 넣고 약불로 살짝 익힌 뒤 마무리한다. • 완성된 음식을 그릇에 담고 남겨뒀던 시럽 절반을 넣은 뒤, 사프란을 얹어 식탁에 낸다.

고 각지에서 내란이 벌어지는 등 나라의 분열로 이어진다. 아우랑제브는 군대를 동원해 반란 세력을 무참하게 학살했다. 이러한 공포 정치가 단기적으로 효과를 거둔 것인지, 제국의 영토는 잠시나마 남인도까지 확장됐다.

이것 말고도 아우랑제브가 덕 없는 군주였음을 알 수 있는 에피소드가 하나 있는데, 커리와도 관련이 있다. 그는 아버지 샤 자한을 요새에 감금시킨 것도 모자라 죽을 때까지 한 가지 식재료로 만든 음식만 먹을 것을 명한다. 샤 자한이 선택한 건 다름 아닌 병아리콩이었다. 병아리콩이 고기나 생선보다 훨씬 다양한 음식을 만들 수 있었기 때문인 듯하다.[21] 한때 대제국을 호령했던 황제 샤 자한은 말년에 그렇게 병아리콩과 향신료로 만든 음식으로 연명하다 하직했다. 콩으로 만든 커리인 샤자하니 달Shahjahani Dal[22]의 명칭에 '샤 자한'이 들어가게 된 것도 아마 여기서 비롯된 게 아닐까 싶다.

한편 아우랑제브는 1707년 데칸고원 원정길에 죽었다. 그가 죽은 후 무굴 제국은 지리멸렬한 상황에 빠졌

---

20 육류 등에 갖은 향신료와 다량의 양파를 넣어 조리한 음식.

21 Salma Husain, 《The Mughal Feast: Recipes from the Kitchen of Emperor Shah Jahan : a Transcreation of Nuskha-e-Shahjahani》, Lustre Press, Roli Books, 2019.

22 병아리콩, 강황 등으로 만든 커리.

다. 황위 계승 분란이 끊이지 않았고, 허울뿐인 후손 황제들은 권력을 거머쥔 재신들에 의해 수시로 교체당했다. 내부적으로는 종교 갈등 속에 마라타 왕국, 시크 왕국 등 여러 왕국이 난립해 영토가 갈가리 찢겼다. 페르시아, 아프가니스탄 등 외세의 침략도 이어졌다. 무굴은 더 이상 '제국'이라 부르기 민망할 만큼 자그마한 소국으로 전락했다. 더욱이 포르투갈, 영국, 네덜란드 등 유럽 국가들이 인도 곳곳에 심어놓은 제국주의 독버섯이 서서히 자라남에 따라 식민 지배의 비극이 엄습해오고 있었다.

비냐 달루와 빈달루,
앵글로 인디언과 커리 파우더

인도 중서부 아라비아 해안에 바스쿠 다 가마Vasco da Gama라는 작은 항구도시가 있다. 고아Goa주에 속한 곳으로, 시내에는 이 지역 관문인 고아 국제공항이 있다. 그런데 이 도시의 긴 이름, 어딘가 익숙하다. 고등학교 때 세계사 시간에 배웠던 포르투갈의 항해 탐험가(이자 침략자인) 바스쿠 다 가마와 철자가 같다. 역시나 그에게서 이름을 따온 지명이 맞다. 가마는 유럽인 최초로 대서양과 인도양을 건너 1498년 인도 남서부 해안의 캘

병아리콩으로 만든 커리인 차나 마살라chana masala. 힌디어로 '차나'는
병아리콩을 뜻한다.

3장 / 커리, 인도에서 영국으로

리컷Calicut(현 코지코드Kozhikode)에 도착했다. 그는 3개월 넘게 인도에 머물면서 고아 남부 해안 지역에도 들렀다가 귀국했는데, 그 여정이 어찌나 험준했던지 포르투갈에 당도했을 때에는 3분의 1이 넘는 선원이 목숨을 잃었다고 한다. 이 방문을 계기로 포르투갈은 1510년(무굴 제국 성립 이전), 무력으로 고아를 점령한 뒤 1961년까지 장장 451년간을 점유했다. 바스쿠 다 가마라는 도시 명칭은 포르투갈 속령 시절에 이 지역과 가마의 '악연'을 기념하고자 지어진 것이다.

1947년 영국에서 독립한 인도는 포르투갈 측에 고아를 비롯한 인도 내 속령지 반환을 계속 요구했다. 포르투갈이 번번이 거절하자 인도 정부는 1961년 군사를 동원해 이들 지역을 점령해버렸다. 흥미로운 것은 인도가 고아를 되찾은 뒤에도 도시 이름은 계속해서 바스쿠 다 가마(혹은 바스쿠)로 남아 있다는 점이다. 고아주 지방 정부 공식 웹사이트에서도 여전히 이곳 이름을 영어와 힌두어 모두 '바스쿠'로 표기하고 있다. 더욱 흥미로운 사실은, 2015년 힌두교도 정치인들이 옛 힌두교도 왕의 이름을 따 지명을 바꾸려 하자(17세기 마라타 왕국의 삼바지 왕의 이름이 거론됐다) 주민들이 맹렬히 반발했다는 사실이다. 참고로 고아주는 지금까지도 곳곳에서 포르투갈의 정취가 느껴지는데, 특히 바스쿠 다 가마가 속한 남고아 지역은 주민 3명 중 1명이 기독교 신자일 정도로 포르투갈이 전래한 가톨릭의 위세가 대단하다.[23]

바로 이 고아에서 포르투갈의 조리법과 인도의 향신료가 만나 탄생한 커리가 있다. 빈달루Vindaloo다. 오늘날 포르투갈, 영국을 비롯해 유럽 각국의 인도 레스토랑에 필수 메뉴처럼 올라 있는 커리로(물론 한국 내 인도 레스토랑에서도 찾아볼 수 있는데, 매운 커리여서 한국인 입맛에 잘 맞는다), 대항해시대 고아를 들락거리던 포르투갈 선원들의 음식 '카르느 드 비냐 달루Carne de Vinha d' Alhos'에서 출발했다. 음식 이름도 '비냐 달루'를 인도식으로 발음하다 보니 '빈달루'가 된 것. 어쨌든 이 카르느 드 비냐 달루는 '와인(비냐)과 마늘(알루)로 양념한 고기(카르느)'라는 뜻이다. 냉장고가 없던 시절, 대양을 오가며 장시간 배를 타야 했던 선원들은 돼지고기를 와인과 마늘에 재움으로써 부패 속도를 늦췄던 것이다. 와인이나 돼지고기나 무슬림은 입에 대지 않는 식재료인지라, 이 음식은 고아의 가톨릭 신자들이 주로 먹었다. 자연스럽게 정향, 커민, 카다멈, 겨자 등 인도 향신료가 더해졌고, 포르투갈 상인들이 중남미에서 무역품으로 가

---

23 덧붙이자면 인도 전역의 기독교 신자 비율은 2.3%에 지나지 않는다.

양고기로 만든 빈달루. 빈달루가 다른 지역으로 확산되면서 재밌는
오해가 빚어지기도 했다. 포르투갈어 알루(마늘)를 힌디어 알루(감자)로
잘못 이해해 감자를 넣는 경우가 생겼다는 것.

져온 고추까지 들어가면서 매콤한 빈달루가 완성됐다. 이렇게 들어온 고추는 고아에서 아예 재배되기에 이르는데, 지금도 고아는 고추 특산지로 유명하다.[24] 빈달루가 맛있다는 소문이 나자 다른 종교 신자들도 먹기 시작했다. 물론 종교적 금기를 지키기 위해 재료는 달라졌다. 와인 대신 코코넛 식초를, 돼지고기 대신 양고기나 닭고기를 넣는 식이 됐다.

그런데 바스쿠 다 가마도 그렇고 포르투갈 뱃사람들은 왜 죽음을 무릅쓰면서까지 인도에 가려 했던 걸까? (참고로 바스쿠 다 가마는 인도를 세 번째 방문했을 때 고아에서 풍토병에 걸려 시름시름 앓다 죽었다) 바로 커리에 들어가는 인도 향신료 때문이었다. 이들 향신료는 기후나 토양에 민감해 인도를 벗어나면 경작하기가 힘들어 수입에 의존할 수밖에 없었는데, 유럽에서는 이미 로마 제국 시대부터 후추 등 인도산 향신료를 수입해 먹었다. 이런 향신료 수입은 아시아와 유럽 간 교류가 활발할 때에는 별 문제가 없었다. 그런데 중세에 중동을 장악한 이슬람 세력이 무역로를 차단하고 아라비아 상인들이 향신료 수출입을 독점하자 향신료 가격이 천정부

---

24 Lizzie Collingham, 《Curry: A Tale of Cooks and Conquerors》, Oxford University Press, 2006.

지로 치솟았다. 이에 포르투갈은 아예 바닷길을 통해 인도에 접근했고, 고아 등 주요 무역항을 차례로 점령한 뒤 향신료 무역으로 떼돈을 벌었다.

이 소식이 유럽에 알려지자 네덜란드, 영국, 프랑스, 덴마크 등이 인도에 들이닥쳤고, 각지에 향신료 무역을 위한 정착지를 세웠다. 오늘날 네덜란드 음식에 커리 가루가 많이 쓰이게 된 것도 이 때문이다. 네덜란드 동인도회사는 영국(1600년)보다 1년 정도 늦게 설립됐지만, 정부의 전폭적인 지원을 받아 인도 무역을 빠르게 잠식했다. 그렇지만 치열한 각축전에서 최종 승리자가 된 건 영국이었다. 인도 침략 초기만 해도 낮은 자본력과 난립한 사무역, 누적된 무역적자까지 겹쳐 불안한 상황이었지만,[25] 1707년 아우랑제브 황제 사후에 기회를 잡았다. 무굴 제국이 종교 갈등으로 분열되어 힘이 약해진 틈을 집요하게 파고든 것이다.

이후 영국 동인도회사는 무역에서 식민지 경영으로 노선을 바꿨다. 네덜란드, 프랑스 등 경쟁자들을 차례로

---

25 영국에서는 1698년 '동인도회사'를 자칭하는 또 다른 회사가 정부로부터 정식으로 인가받는 일까지 벌어졌다. 구동인도회사의 활동이 부진한 가운데 신동인도회사가 재정난을 겪고 있는 국왕에게 거액의 대출을 내주고 동인도회사 자격을 인정받은 것이다. 2개의 동인도회사는 1708년 합병했다.

물리친 뒤 1772년 벵골 일대(지금의 인도 북동부와 방글라데시에 해당)의 방대한 영토를 집어삼켰다. 1784년에는 영국 정부가 인도청을 신설해 식민 통치에 관여하기 시작했다. 포르투갈, 네덜란드 등이 일부 항구를 계속 점거하기는 했지만, '인도아대륙'이라 불리는 드넓은 인도 땅 대부분은 서서히 영국의 손아귀에 넘어갔다. 이 과정에서 많은 영국인이 인도로 건너왔는데, 시간이 흐르자 현지에 눌러앉은 영국인과 인도인 사이에 태어난 혼혈인이 제법 생겼다(이들은 앵글로 인디언Anglo-Indian이라 불렸다). 이러한 배경에서 앵글로 인디언 요리Anglo-Indian cuisine가 탄생했다.

대표적인 앵글로 인디언 요리가 바로 커리다. 영국계 이주민들은 향신료로 맛을 낸 각종 육류 요리를 즐겨 먹었는데, 이것이 자연스럽게 영국에까지 전해진다. 1733년 런던의 노리스 스트리트 커피하우스에서 영국 최초로 커리를 만들어 팔기 시작했고, 1747년 발간된 해너 글라세Hannah Glasse의 요리책 《쉽고 편한 요리법Art of Cookery Made Plain and Easy》에 '인도식 커리 만드는 법To make a currey the Indian way'[26]이 실렸다. 하지만 초판에 실린 레시피에는 인도 향신료가 거의 쓰이지 않았고, 1751

---

26 당시 영국에선 curry가 아닌 currey로 표기했다.

년에 발간된 4판에서야 강황, 생강 등이 들어가게 된
다.[27] 이후 영국에서 발간된 다수의 요리책에 치킨 커리
등의 레시피가 실린다.

18세기 말에는 '나와브Nawab'[28]라 불린 동인도회사 임
원 출신 재력가들이 속속 귀국하면서 영국 상류사회를
중심으로 인도 요리가 유행한다. 그에 따라 자연스럽
게 향신료 소비가 늘었다. 또한 이즈음부터 인도에 가
본 적이 없는데도 인도 요리의 독특한 풍미에 반한 영국
인들이 생겨났는데, 《오만과 편견》의 작가 제인 오스
틴도 그중 한 명이다. 그녀가 1780년대에 쓴 일기에는
인도에 사는 친척이 본토의 커리 재료를 보내줬다는 내
용이 나온다.[29] 이처럼 '커리 인구'가 늘자 몇몇 향신료
를 배합해 상품화한 '커리 파우더'가 등장했다. 기록으
로 남은 영국 최초의 커리 파우더 발매 시기는 1780년대
다. 이때부터 식료품 상점에서 커리 가루를 사 와 집에
서도 커리를 끓여 먹을 수 있게 됐다. 1809년엔 런던 조

---

27 Stephanie R. Maroney, 《Local Foods Meet Global Foodways:
    Tasting History》, Routledge, 2013.

28 원래는 무굴 제국에서 지역 태수를 가리키는 말이었으나 영
    국에서는 인도에 파견됐다가 귀국한 동인도회사의 재력가들
    의 별칭으로 사용됐다.

29 Howard Belton, 《A History of the World in Five Menus》,
    AuthorHouse, 2015.

3장 / 커리, 인도에서 영국으로

지 34번가에 영국 최초의 인도 음식 전문점 힌두스타니 Hindoostanee 커피하우스가 문을 여는데, 이곳은 무슬림 인도인 세이크 딘 마호메드Sake Dean Mahomed[30]가 운영하는 정통 인도 레스토랑이었다. 이렇듯 인도 음식 소비가 늘어남에 따라 영국의 강황 수입량 역시 1820~1841년 사이 3배나 늘었다. 1869년대에는 런던의 포트넘앤드메이슨 등 영국을 대표하는 대형 상점들이 커리 파우더 판매에 경쟁적으로 나선다.[31]

인종차별도 못 말린 영국인의 커리 애착

아우랑제브 황제가 들쑤셔놓은 종교 갈등은 부작용이 막대했다. 영국의 침략에 인도인들은 하나로 뭉쳐 대응하지 못했다. 1857년 발발한 세포이 항쟁[32]이 전국으로

---

30 영국군에 복무했던 마호메드는 외과의사이기도 했으며, 아일랜드와 영국을 여행하던 중에 아일랜드 여성과 눈이 맞아 결혼하는 등 파격적인 행보로 주목받았다. 유럽에 인도 전통 음식과 샴푸를 전래한 인도인으로도 유명하다.

31 콜린 테일러 센, 《커리의 지구사》, 강경이 옮김, 휴머니스트, 2013.

32 1857년 동인도회사 군대에 고용된 인도인 용병(세포이)들이 회사 측의 푸대접에 불만이 커지던 중 새로 지급받은 총포에 쇠기름과 돼지기름이 칠해진 것에 반발하며 일으킨 항쟁이다. 이것이 인도 전역으로 퍼져 동인도제국의 식민지 경영은

확산되면서 비로소 민족주의가 태동하는가 싶었지만 실패했다. 영국군의 우월한 군비와 무자비한 진압도 요인이었지만, 항쟁 세력이 지역, 계급, 종교 등으로 나뉘어 결집하지 못한 것이 더 큰 문제였다. 영국은 이 약점을 철저히 활용했다. 끊임없는 이간질로 내분을 조장하며 영국보다 인구가 7~8배나 많은 인도를 식민 통치하는 데 성공했다.

세포이 항쟁이 진압된 후 영국은 꼭두각시나 다름없던 황제 바하두르 샤Bahādur Shāh 2세를 1858년 미얀마로 유배를 보냈다. 이로써 무굴 제국의 역사는 끝났다. 영국 정부는 항쟁 발발에 대한 책임을 물어 1858년 동인도회사를 해산시키고 인도 식민 통치에 직접 나서는데, 1876년에 이르면 빅토리아 여왕이 인도 황제를 겸하기까지 한다. 인도가 완전한 영국 식민지가 된 순간이었다. 수많은 인도인이 무도한 압제와 가혹한 수탈에 시달렸고, 특히 카스트 말단에도 들지 못하는 불가촉천민들은 영국과 인도 양쪽으로부터 착취당하는 이중고를 겪었다. 고대 문명 발상지이자 풍요로운 땅이었던 인도는 영국의 식민치하에서 3,500만 명이 굶어 죽는 생지옥으로 변했다.

위기에 몰렸다.

인종차별은 말할 것도 없다. 영화 〈빅토리아&압둘〉에도 영국인의 인도인 차별 장면이 수시로 등장하는데, 실상은 훨씬 심각했다. 윈스턴 처칠 전 영국 총리는 "나는 인도인을 혐오한다. 인도인은 짐승 같은 종교를 믿는 짐승 같은 인간들"이라는 인종차별적 폭언을 서슴없이 내뱉기도 했다. 위인전에 단골로 등장하는 바로 그 '영웅'이 말이다. (나폴레옹이나 콜럼버스도 위인의 반열에 올린 한국이니 놀랄 일도 아니지만······) 2020년 조지 플로이드 사건을 계기로 미국의 인종차별에 대한 항의 시위가 국제적으로 확산됐을 때, 영국 시위대가 런던의 처칠 동상에 '인종차별주의자였다was a Racist'라는 낙서를 새기며 훼손한 이유가 여기에 있다. 성경 내용을 근거로 흑인 노예 제도를 정당화했던 피부색 차별의 궤변은, 상대적으로 검은 피부를 가진 인도인들에게도 그대로 적용됐다. 인도 현지화에 큰 거부감이 없던 포르투갈이나 네덜란드 사람들과 달리, 인도에 정착한 영국 상류층은 인도인과의 혼인을 혐오하며 억제했다. 첩으로 삼은 인도 여성이 아이를 낳아도 결코 동등하게 대우하지 않았다.[33]

---

33 하마우즈 데쓰오, 《대영제국은 인도를 어떻게 통치하였는가》, 김성동 옮김, 심산, 2004.

이런 차별 속에서도 영국인의 식탁에 오른 커리는 특별 대접을 받았다. 빅토리아 여왕의 커리에 대한 애정이야 이미 이야기했지만, 여왕의 장남이자 그녀의 뒤를 이어 왕위에 오른 에드워드 7세도 커리를 꾸준히 먹었다고 한다. 여왕에게 처음으로 커리를 만들어 바친 카림을 내쫓은 것이 바로 그였음에도 말이다. 물론 그는 인도인이 아닌 스위스 요리사가 만든 커리를 먹었지만. 그런데 이 커리는 에드워드 7세의 대관식 메뉴에 오르기도 했다. 프랑스 요리의 대가 에스코피에는 에드워드 7세의 대관식을 기념해 '풀라드 에드워드 7세Poularde Edward VII'라는 닭 요리를 선보였는데, 이 음식에도 커리가 소스로 들어갔다. 아이러니하게도 에드워드 7세의 아들이자 1910년 왕관을 물려받은 조지 5세는 커리와 인도식 닭 요리인 봄베이 덕Bombay Duck 외의 음식은 입에 잘 대지 않을 정도로 인도 음식을 좋아했다고 한다. 해군에 오래 복무한 조지 5세는 왕족답지 않게 서민적인 입맛을 가진 것으로 유명했는데, 인도를 비롯해 대영제국 곳곳을 누볐던 왕자 시절에 커리 맛에 빠진 것으로 보인다. 빅토리아 여왕 시대에 영국 왕실 주방에 합류했던 인도인 요리사들은 아들 에드워드 7세 시대에 쫓겨났다가 손자 조지 5세의 등극과 함께 환궁했다.

커리의 향유 계층은 왕족이나 인도 체류 경험이 있는

사람들에 그치지 않았다. 상류층, 중산층, 노동자 등 계급을 막론하고 다양한 구성원이 인도 향신료에 매료됐다. 영국 왕립해군도 그중 하나다. 당시 해군에서 식사로 자주 제공된 메뉴가 '뱃사람 커리Sailor's curry'라 불린 쇠고기 커리였다. 왕립해군이 세계 곳곳을 오감에 따라 커리는 외국 각지로 퍼져나갔다. 그 대표적인 예가 메이지 시대 일본이다. 당시 제국주의를 본격화하며 해군을 키우던 일본은 병사들이 장기간 바다 생활을 하면서 각기병에 시달리자[34] 골머리를 앓고 있었는데, 영국 해군의 커리 급식을 보곤 해결책을 찾았다. 우리가 익히 알고 있는 카레라이스가 바로 그것이다. 이후 카레라이스는 일본에서 선풍적인 인기를 끌었고, 가쓰 카레, 카레 우동, 카레 라멘 등 다양한 메뉴가 개발됐다.

한편 제국주의 수탈로 빈곤에 빠진 영국령 인도 제국에서는 수많은 인도인이 먹고살기 위해 영국으로 이주했다. 식민 교육을 받은 인도인들은 영어에 능통했고, 이러한 언어소통의 편의성이 영어권 국가로의 이민을 부추겼을 것이다. 그런데 제2차 세계대전이 끝나고 1947

---

[34] 흔히 비타민B1이 부족해서 생기는데, 당시 일본 해군이 먹던 쌀밥만으로는 비타민B1을 섭취할 수 없었다. 채소나 육류를 곁들이면 해결될 병이었지만 바다 위에서는 녹록지 않은 일이었다.

년 인도가 식민 지배에서 벗어난 뒤로도 영국행 이민자 행렬은 계속 이어지다 못해 가파르게 늘어났다. 독립을 계기로 지역 갈등, 종교 갈등, 이념 갈등이 폭발해 인도 각지에서 내란이 끊이지 않은 탓이다. 인도계 이주자가 폭증함에 따라 영국 내 인도 음식점 수도 대폭 늘었다. 이들 식당에서는 영국인 입맛에 맞춘 퓨전 인도 음식들이 속속 개발됐는데, 그 대표적인 예가 바로 로빈 쿡 전 장관이 "영국의 국민 음식"이라 칭했던 치킨 티카 마살라다. 인기 있는 음식이 흔히 그렇듯 누가 처음 치킨 티카 마살라를 만들었는지에 대한 논쟁이 있지만, 스코틀랜드 글래스고Glasgow의 방글라데시 이주민 요리사[35]가 1970년대에 개발했다는 주장이 유력하다. 북인도식 버터 치킨[36] 레시피를 응용해, 영국인이 선호하는 토마토 크림소스에 인도 향신료를 조합한 뒤 치킨 티카(조각)에 끼얹어 만들었다고 한다.

---

35 여기서 방글라데시 역사를 길게 설명할 수는 없지만, 인도가 독립한 뒤 종교상의 이유로 파키스탄과 방글라데시가 인도로부터 떨어져 나왔다. 요컨대 지금 우리가 알고 있는 방글라데시라는 나라는 50여 년 전까지만 해도 인도에 속한 땅이었다.

36 치킨 마카니Chicken Makhani, 무르그 마카니Murgh Makhani라고도 불린다. 펀자브 지방의 음식으로, 향신료로 양념한 닭고기를 버터와 토마토로 만든 소스에 끓여 부드러운 맛을 강조한 커리다.

20세기 말 영국에서의 커리 붐에는 비틀즈도 한몫했다. 1960년대 반전운동 바람과 함께 에스닉 문화에 대한 관심이 높아진 가운데, 1968년 비틀즈가 인도 리시케시Rishikeshi로 요가 수련을 떠나자 인도 음식에 대한 관심이 덩달아 커진 것이다. 1980년대 이후에는 런던 곳곳에 고급스러운 인도 레스토랑이 속속 들어섰고, 그렇게 영국인의 혀는 점점 인도 커리에 사로잡혀갔다. 2018년 인도의 향신료 수출국 3위는 영국(1위 미국, 2위 아랍에미리트)이었으며, 수출액 규모는 약 1,128억 원에 달했다.[37]

배달 커리 주문해 먹는 영국 왕세손 부부

2011년 영국의 윌리엄 왕세손은 같은 왕족이나 귀족이 아닌 평민 캐서린 미들턴과 결혼했다. 영국 왕족이 평민과 결혼한 예는 전에도 있었지만, 다들 왕관을 포기하고 왕실을 떠나야 했다. 반면 캐서린은 최초의 평민 왕세손비로 인정받았다. 그동안 영국 왕실은 왕위 계승자의 배우자 조건을 왕족 및 귀족에 제한해왔지만, 보수적인 왕가 분위기와 시대착오적인 정략결혼의 부작용이 심각

---

37 Statista 통계자료. Leading destinations for Indian spices exports in FY 2018, based on value(in billion Indian rupees).

해지자 노선을 바꾼 것으로 보인다. 어쨌든 윌리엄 왕세손 부부는 너무나 평범해서 외려 범상치 않았던 결혼 이후에도 휴가를 떠날 때 저가항공사를 이용하는 등 서민적 행보를 이어가 대중에게 호감을 샀다. 그런 부부가 2017년 BBC의 한 라디오 프로그램에 출연해 왕궁에서의 일상을 이야기하던 중 커리를 자주 주문해 먹는다고 말해 화제를 모았다. 왕세손 가족이라 하면 (그들이 겉으로는 아무리 서민적인 행보를 보인다 해도) 식탁에 산해진미를 늘어놓고 먹을 것만 같은데, 영국에서 커리는 서민 음식의 대명사로 통하기 때문이다. 물론 커리가 궁 안까지 배달되지는 않기 때문에 왕실 직원이 시내의 인도 레스토랑에서 포장해 온다고 했다. 편한 옷차림을 한 채 배달된 커리를 먹으면서 〈왕좌의 게임〉 같은 드라마를 보는 게 이들 부부의 휴식 방법이라고. 이에 더해 캐서린 왕세손비는, 2019년 파키스탄 방문을 앞두고 열린 한 행사에서 평소 남편과 세 자녀를 위해 자신이 손수 커리를 만든다고 말했다. 가족의 커리 취향이 제각각이어서 요리할 때마다 번거롭다는 푸념도 늘어놓으면서 말이다. 손에 물 한 방울 묻히지 않고 살 것 같은 왕세손비가 커리를 만드는 모습이라니, 놀란 영국 신문과 방송사를 비롯해 인도 언론까지도 이를 떠들썩하게 보도했다.

영국 왕실은 1996년 찰스 왕세자와 다이애나 왕세자비의 이혼에 이어 1997년 다이애나 왕세자비가 의문사하기까지 하자 위기에 몰렸다. 불륜, 살해 의혹 등 잇따른 추문에 왕실 이미지는 끝없이 추락했다. 2000년 영국 일간지 《가디언》 여론조사에서는 왕실 지지도가 44%까지 떨어져 역대 최저치를 기록했고, 같은 해 BBC 조사에서는 16~24세 응답자의 73%가 왕실 폐지 및 공화정 도입에 찬성할 정도였다. 요컨대 왕실이나 왕족 자체는 점점 시대착오적인 것으로 받아들여졌다. 생존 위기에 처한 생물이 돌연변이를 일으켜 살 길을 찾듯이, 영국 왕실도 내부 혁신으로 돌파구를 마련하고자 했다. 왕세손들의 파격적인 결혼[38]을 비롯해 개방적이고 서민 친화적인 이미지를 추구한 것이다. 그러던 중 2013년 캐서린 왕세손비가 첫 아들을 출산해 '로열 베이비' 붐이 일면서 지지율은 66%까지 올라갔고 왕실은 한시름 덜 수 있었다. 그렇다고는 해도 왕실에 덧씌워진 구시대적인 이미지가 벗겨진 것은 아니어서, 왕실 예산을 국민 세금으로 지원하는 것에 대한 찬반 논쟁이 일기도 했다. 이런 맥락을 고려하면 왕세손 부부의 커리 에피소드는

38　윌리엄의 동생 해리 왕자는 흑인 혼혈에 이혼한 전적이 있는 미국 여배우 메건 마클과 결혼해 엄청난 화제를 불러일으켰다.

홍보 측면에서 아주 전략적인 '메뉴 선택'이었던 셈이다. 영국 왕족이 과거 식민지였던 인도의 대표 음식 커리를 먹을 때 풍기는 개방성이며 평범한 음식이 풍기는 서민적인 분위기까지 고루 담겨 있으니까. 윌리엄 왕세자의 불륜설이 끊이지 않는 가운데 훈훈한 가족 이미지를 강조하려는 의도였을 수도 있고 말이다. 속내가 뭐든 세상 참 많이 변했다.

굴라시,
헝가리에서
오스트리아로

유럽을 처음 가본 건 2006년, 내가 스물여덟 살 때다. 신문사에 입사한 지 1년쯤 지나서였다. 주말도, 밤낮도 없는 날들이 이어져 휴식이 간절한 시기였다. 쥐꼬리 월급을 모으고 모아 배낭여행을 떠났다. 첫 유럽 여행은 보통 프랑스, 영국, 이탈리아 등 서유럽이나 남유럽부터 둘러보게 마련이라는데 나는 체코, 오스트리아, 헝가리를 선택했다. 경비가 훨씬 저렴해서였다. 세 도시는 철도로 연결되어 있어서 한 번에 여행하기 좋았다. 기차를 타면 프라하에서 빈까지는 4시간 남짓, 빈에서 부다페스트까지는 3시간 남짓 걸린다. 1993년 체코슬로바키아가 체코와 슬로바키아로 분리되기 전까지 체코, 오스트리아, 헝가리 3개국은 서로 국경을 마주한 이웃나라였다. 또한 제1차 세계대전이 발발하기 전까지는 합스부르크 가문의 지배하에 수백 년간 하나의 나라로서 역사를 공유했던 지역이다. 하지만 여행을 다니면서 접한 이들 도시의 분위기와 풍경은 사뭇 다른 매력으로 다가왔다. 프라하는 아늑하고 로맨틱한 반면 빈은 장엄했고,

부다페스트는 음울하면서도 고풍스러웠다. 색깔로 나타낸다면 프라하는 연한 오렌지색, 빈은 쨍한 백색, 부다페스트는 거무튀튀한 잿빛이랄까.

세 나라는 비단 풍경만이 아니라 언어도, 민족도 다르다. 사람들의 생김새나 표정에서도 미묘한 차이가 느껴졌다. '안녕하세요'만 해도 체코에서는 '도브리 덴Dobrý den', 오스트리아에서는 '그뤼스 고트Grüß Gott', 헝가리에서는 '요 너포트Jó napot'라고 해 천차만별이다. 그도 그럴 것이 체코는 슬라브족, 오스트리아는 게르만족, 헝가리는 마자르족 계열이 국민의 대다수를 차지해 혈통부터 완전히 다르다. 여행자로서는 짧은 기간 동안 두드러지게 다른 세 나라를 모두 돌아볼 수 있다는 게 반가울 따름이었다. 그런데 이처럼 개성이 뚜렷한 세 나라, 세 도시에 한 가지 공통점이 있었다. 각 나라에서 전통음식을 파는 식당에 찾아가면 메뉴에 어김없이 굴라시goulash[1]가 있다는 점이었다. 다양한 버전이 있긴 해도 굴라시는 기본적으로 고기에 채소, 양념을 더해 끓인 고깃국이다. 쌀쌀한 계절이었던 터라 3국 3색의 굴라시를 열심히 먹고 다녔다.

---

1 헝가리어 발음으로는 '구야시gulyás'로 표기해야 맞지만, 이 책에서는 전 세계적으로 널리 알려진 명칭인 '굴라시'로 통일해 쓴다.

당시 내가 가져간 가이드북은 굴라시를 '헝가리를 대표하는 전통음식'이라고 소개하고 있었다. 그러니까 헝가리 전통음식이 인근의 오스트리아와 체코로 확산된 것이다. 굴라시는 영어식 표기이고, 헝가리에서는 구야시gulyás라 한다. 오스트리아(독일어)와 체코(체코어)에서는 발음은 비슷하게 '굴라시'라 하지만 표기는 Gulasch, guláš로 서로 다르다. 서울에 얼마나 많은 중식점과 일식점이 있는지를 생각해본다면, 오스트리아와 체코에서 헝가리 음식을 먹는 건 딱히 특별한 일이 아니다. 이웃한 나라들이 식문화를 공유하는 건 그만큼 흔하다.

　하지만 자국의 향토요리를 선보이며 고유의 식문화를 자부하는 전통음식점에서 공통적으로 굴라시를 내놓는 건 얘기가 다르다. 외국 음식 혹은 이민족 음식이라 구분 짓기 어려울 정도로 식문화 깊숙이 자리 잡아 대중의 식탁에 오르고 있다는 뜻이기 때문이다. 더군다나 (뒤에서 다시 설명하겠지만) 굴라시는 헝가리에서 민족 정체성을 상징하는 음식이다. 헝가리 정부가 관리하는 전통문화유산인 '헝가리쿰Hungarikum' 목록에 굴라시가 포함되어 있을 정도다. 국립기관인 '마자르 민족 가치 및 헝가리쿰 협회'는 정부의 적극적인 지원 속에 굴라시를 국내외에 홍보하기 위해 다양한 행사를 열고 있

4장 / 굴라시, 헝가리에서 오스트리아로

헝가리 수도 부다페스트를 흐르는 두나Duna강(다뉴브강)과, 강 위에
세워진 세체니Széchenyi 다리의 야경.

기도 하다. 이런 배경을 지닌 음식이 오스트리아와 체코의 전통음식점 메뉴에 올라 있는 건 분명 의아한 일이다.

국경을 넘은 굴라시 맛의 파급력은 오스트리아 빈 관광위원회의 홈페이지에서도 확인할 수 있다. '빈 요리' 섹션에 소개된 61가지 향토 먹거리 중에는 굴라시가 무려 4종류나 포함돼 있다. '소시지를 곁들인 피아커 굴라시Fiakergulasch mit Würsteln', '빈식 사프트굴라시 Wiener Saftgulasch', '크리미한 빈식 송아지 굴라시Wiener Kalbsrahmgulasch', '보헤미아식 버섯 굴라시Böhmisches Schwammerl-Gulasch'가 그것이다. 이 음식들에 대한 소개 글은 이렇게 시작한다. "굴라시는 헝가리에서 유래했지만……" 헝가리에 연원을 둔 음식임은 부정하지 않지만, 이름에 '빈식'을 붙인 데서도 알 수 있듯이 오스트리아의 독자적인 조리법을 통해 재탄생한 향토 먹거리임을 강조한다.

'소시지를 곁들인 피아커 굴라시'의 '피아커'도 지역성을 담고 있기는 마찬가지다. 피아커는 '영업용 마차'나 '영업용 마차의 마부'를 뜻하는 독일어다. 19세기 빈 시내에는 오늘날의 택시와 같은 영업용 마차가 즐비했는데, 이 마차를 모는 마부들이 즐겨 먹었던 굴라시에서 유래한 것이 피아커 굴라시다. '보헤미아식 버섯 굴라시'는 더 흥미로운 음식이다. 보헤미아는 체코 서부에 존재했던 옛 왕국의 명칭이다. 훗날 오스트리아가 지배하게 된 이 지역의 굴라시 조리법을 토대 삼아, 빈에서 버섯을 활용해 만든 음식이 '보헤미아식 버섯 굴라시'다. 헝가리 전통음식이 체코 서부로 건너가 재탄생한 뒤 다시 빈으로 이동해 '빈 요리'가 된 것이다.

이처럼 굴라시는 헝가리에서 주변국으로 전파된 이래 오랜 세월에 걸쳐 각기 다른 스타일로 발전해왔다(지역별 조리 방식의 차이에 대해서는 뒤에서 설명하겠다). 실제로 3개국 여행길에 먹어본 굴라시는 재료, 모양새, 맛이 제각기 달랐다. 물론 헝가리 내에서도 다양한 방식으로 굴라시를 만든다. 한국에서 된장찌개나 김치찌개가 그렇듯이, 집집이 서로 다른 방식으로 요리해 먹는 것이다. 헝가리에서 요식업 사업가로 유명한 카롤리 건델Károly Gundel의 《헝가리 요리책Hungarian Cookbook》에는 23종류의 굴라시 조리법(수프는 11종류)이 소개되어 있다. 참고로 대표 메뉴인 굴라시 수프의 레시피는 다음 표(196쪽)와 같다.

건델은 헝가리 초원 스타일(옛날 시골 방식이라는 의미)의 전통 굴라시를 만들 때는 이 레시피에서 감자 양을 줄이고, 치페트케csipetke(헝가리식 수제비)는 아예 빼라고 조언한다. 한편 앞서 언급한 빈 관광위원회 홈페이

재료	깍둑썬 쇠고기 360g, 라드 80g, 양파 150g, 파프리카 15g, 소금, 마늘, 캐러웨이 씨, 감자 800g, 피망 140g, 토마토 60g(작은 크기로 한 개), 치페트케 6인분
조리법	• 젤라틴이 풍부한 쇠고기 부위(정강이살, 어깨살, 목살)를 사용한다. • 고기를 1.5~2cm 크기로 깍둑썬다. • 녹인 라드에 잘게 자른 양파를 넣어 노르스름해질 때까지 볶는다. • 약불에 파프리카를 재빨리 볶아준다. 이어 고기를 넣고 계속 저어준다. • 소금으로 간한다. 고기가 익고 수분이 날아가면 캐러웨이 씨, 곱게 다진 마늘, 약간의 찬물을 넣는다. 뚜껑을 덮고 천천히 고기를 조린다. • 중간중간 재료들을 휘저어주고, 필요하다면 물을 약간 넣는다. • 고기는 푹 삶듯이 익혀야 하며, 끓게 해서는 안 된다. • 고기가 충분히 익으면 감자를 깍둑썰고 피망과 토마토를 1cm 크기로 자른다. • 치페트케를 만들 반죽을 준비한다. • 고기 육질이 완전히 연해지기 전에 프라이팬에 생긴 수분을 없애고 감자를 넣어 가볍게 익힌 뒤 피망과 토마토를 넣는다. • 감자가 거의 익고 수프가 완성되면 치페트케를 넣는다. • 물을 적당히 조절해 넣으면서 국물 양을 맞춘다.

지의 빈식 사프트굴라시 레시피는 오른쪽 표와 같다.

이 책을 쓰면서 2006년 당시 여행 사진을 뒤져봤더니 부다페스트의 한 레스토랑에서 찍은 헝가리 굴라시 사

재료	쇠고기 사태살 1.5kg, 양파 1.25kg, 고깃기름 150g, 토마토소스 1큰술, 파프리카 가루 4큰술, 마늘 1쪽, 간 레몬껍질 약간, 사과식초, 다진 주니퍼베리juniper berry[2] (2개), 마조람 한 꼬집, 간 캐러웨이 씨 한 꼬집, 설탕 한 꼬집, 후추, 소금, 밀가루 2큰술, 물 2리터
조리법	• 양파를 먹기 좋은 크기로 썬다. • 쇠고기를 50g 무게 크기로 깍둑썬다. • 식용유 150ml를 두른 냄비에 양파를 넣고 갈색을 띨 때까지 볶는다. • 여기에 주니퍼베리, 마조람, 캐러웨이 씨, 설탕, 후추, 소금을 넣고 살짝 볶는다. • 파프리카 가루, 토마토소스, 마늘, 간 레몬껍질을 넣고 젓다가 식초, 물 1리터를 넣는다. • 끓기 시작하면 깍둑썬 쇠고기를 넣고 2시간 30분 동안 푹 졸인다. • 졸이는 동안 눌어붙지 않게 계속 저어주고 필요하다면 물을 더 넣는다. • 고기가 푹 익었으면 남은 물을 붓고 충분히 끓이면서 소금으로 간한다. • 밀가루에 약간의 물을 섞어 굴라시에 넣는다. 진득해질 때까지 저어준다.

진이 남아 있었다. 싸구려 카메라로 대충 찍은 것이어서 화질이 좋지는 않았지만, 음식의 특징은 잘 보인다. 우선 고기, 감자 등 건더기가 푹 잠겨 있을 정도로 국물이

---

2 침엽수의 일종인 노간주나무의 열매로, 블루베리와 비슷하게 생겼다. 향신료로 활용된다.

치페트케를 만드는 방법은 간단하다. 물, 밀가루, 달걀로 만든 반죽을
15분간 휴지시킨 다음, 이를 칼로 썰거나 손으로 뚝뚝 떼어내면 된다.

흥건한데, 국물은 파프리카 가루를 넣어 적갈색을 띠고
있다. 하지만 보기와는 달리 말간 편이라 숟가락으로 떠
후루룩 마셨던 기억이 난다.

　가이드북에는 육개장과 비슷하다고 설명되어 있었지
만 꼭 그렇지만은 않았다. 이마에 땀이 날 정도로 맵싸
한 육개장에 비해 기름기가 많고 맛이 부드러웠다. 육수
의 풍미가 진해 구수하면서도 파프리카 가루를 풀어 칼
칼하게 끓인 국인지라 먹는 내내 쌀밥 한 공기 말아 먹
고 싶다는 충동에 시달렸다. 반면 오스트리아나 체코의

굴라시는 건더기 위주여서 국물은 곁들인다는 느낌이었다. 기름이 둥둥 떠 있을 만큼 기름진 국물은 헝가리 굴라시에 비해 다소 느끼하고 진득했으며, 매운맛은 거의 없었다. 특히 빈에서 먹은 굴라시는 국보다는 소스에 촉촉하게 적셔 먹는 고기 요리에 가까워 보였다.

마자르 굴라시와 라면 건더기 수프의 공통점

굴라시 얘기에 앞서, 우선 굴라시의 종주국인 헝가리에 대해 살펴보자. 발칸반도 북쪽에 인접한 헝가리는 면적으로 따지면 한국에 비해 약간 작다. 총 인구는 968만 명으로, 서울 인구에도 못 미친다. 소국이어서인지 헝가리는 영국, 프랑스, 독일 등 서유럽 선진국들에 비해 한국에서 그리 관심이 높은 나라는 아니다.

하지만 중세시대 헝가리 왕국은 한때 지금의 오스트리아, 이탈리아, 슬로바키아, 폴란드, 몰도바, 리투아니아, 루마니아, 불가리아, 크로아티아, 보스니아, 세르비아 영토의 일부를 직간접적으로 지배하며 동유럽을 호령한 강대국이었다.[3] 과거에는 그 세력이 티레니아해,

---

3 프랑스계 앙주 가문 출신의 러요시 1세(1342~1381년 재위)가 주변국을 합병하거나 속국으로 삼아 헝가리 왕국은 광대한 영토를 획득했으며 경제, 문화적으로도 융성했다. 헝가리에서는

이오니아해, 아드리아해, 흑해까지 뻗쳐 있었으나 지금은 국경이 쪼그라들어 바다 없는 내륙 국가다. 그럼에도 생선 요리를 즐겨 먹는다. 두나강, 티서Tisza강 등에서 잡히는 잉어, 메기, 강꼬치고기 등으로 요리한 수프가 대표적이다. 헝가리의 생선 수프인 헐라슬레Halászlé는 파프리카 가루를 잔뜩 풀어 국물이 벌겋고 매콤하며 양파, 고추, 허브 등을 더해 비린내를 잡는다. 옛날 강가나 호숫가 어부들이 갓 잡은 물고기로 간편하게 끓여 먹던 것에서 유래해 '어부의 수프'라고도 불린다. 요즘은 헝가리의 크리스마스 별미로 유명하다. 설명을 듣고 짐작할 수 있다시피, 헐라슬레는 한국의 민물매운탕과 비슷하다. 쇠고기가 주재료인 굴라시와 육개장이 닮은 것처럼 말이다. 그러고 보면 헝가리 전통음식에는 수프 종류가 무척 다양하다. 말갛게 끓인 치킨 수프나 걸쭉한 버섯 수프도 많이들 먹는다. 이는 민족의 역사와 관련이 깊다.

헝가리 사람들은 스스로를 마자르인Magyars[4]이라 부

그의 업적을 기려 러요시 대왕Lajos Nagy이라 부르기도 한다. 또한 마차시 1세(1458~1490년 재위)는 왕위 계승 문제로 합스부르크 가문과 갈등을 겪다가 전쟁을 벌여 오스트리아 수도 빈을 점령했다.

4 헝가리는 영어식 표기다. 헝가리인들은 헝가리를 마자로르삭 Magyarország이라 칭하며, 이는 '마자르인의 나라'라는 뜻이다.

헐라슬레는 굴라시와 함께 대표적인 헝가리 음식으로 꼽히기 때문에
식당에서 흔히 볼 수 있다.

르는데, 마자르인은 선사시대부터 시베리아 서부와 흑
해 일대의 초원을 떠도는 기마민족이었다. 언어적으로
는 알타이어계의 핀우그르 어족에 속하며 문화적으로
는 중앙아시아 기원의 투르크족과 유사점이 많아 동
양에서 유래했다고 추정된다. 마자르인이 떠돌이 생활
을 마감한 건 895년. 부족장인 아르파드Árpád 왕자가
로마인, 훈족 등 여러 민족이 거쳐간 카르파티아 분지
Carpathian basin[5]를 쟁취하면서부터다. 이로써 헝가리의
역사시대가 열렸다.[6]

마자르인은 한곳에 정착하기까지 오랜 세월 동안 유목민으로 살았다. 수시로 이동하니 한가로이 식사를 할 만한 여유가 없었고, 때문에 음식을 잔뜩 만들어 여럿이 나눠 먹는 효율적인 식사 방식과 간편한 조리법을 선호했다. 따로 주방이 갖춰져 있지 않아 기름에 볶거나 오븐에 굽는 요리를 하기도 어려웠다. 그리하여 발달한 것이 국물 요리다. 보그라치bogrács라 불리는 커다란 무쇠 솥에 이런저런 재료를 넣어 끓인 국이 주식이 됐다.[7] 숲이나 들판에서 구해 온 나무토막으로 불을 피우고 개울에서 퍼 온 물을 솥에 부어 끓이면 되니 유목민에게 안성맞춤이었다. 더구나 국이란 모름지기 적은 양의 재료만으로도 한 솥 가득 끓여 많은 사람의 배를 채우기에 좋은 음식이지 않은가. 헝가리 왕국이 성립된 이래 농경생활을 하기 시작했지만, 마자르인들의 뜨끈한 국물 사랑은 지금도 여전하다.

---

5   판노니아 분지라고도 한다. 두나강 주변에 펼쳐진 분지로, 헝가리 전역을 비롯해 주변의 슬로바키아, 우크라이나, 루마니아, 세르비아, 크로아티아, 슬로베니아, 오스트리아의 일부에 걸쳐 있다.

6   Pal Engel, Andrew Ayton, «The Realm of St Stephen: A History of Medieval Hungary, 895-1526», I.B.Tauris, 2001.

7   Sari Edelstein, «Food, Cuisine, and Cultural Competency for Culinary, Hospitality, and Nutrition Professionals», Jones and Bartlett Publishers, 2011.

한편 유목민의 후예답게 헝가리에는 목동이 많았다. 이들이 키운 회색소는 가죽과 털, 뿔, 육질 등 무엇 하나 버릴 것 없이 우수해 유럽 곳곳에서 명성을 얻었다. 이미 9세기 무렵부터 헝가리 목동들은 5~6명씩 무리를 지어 소 떼를 몰고 여기저기 팔러 다녔는데, 한 번 집을 떠나면 몇 달간은 고된 노숙 생활을 해야 했다. 끼니도 제대로 챙겨 먹지 못했다. 이따금 상품 가치가 떨어진 소가 있으면 잡아서 먹고 기력을 회복하기도 했단다. 그런데 소 한 마리는 장정 몇 사람이 들러붙어도 한 번에 먹어치우기에는 양이 많다. 그래서 고기를 작게 깍둑썰어 양파, 야생 허브 등과 함께 큰 솥단지에 넣어 약간의 물을 붓고 졸였다. 이렇게 졸인 건더기를 햇볕에 바싹 말려 양의 위장으로 만든 가방에 넣어 다니다가 끼니때가 되면 다시 물을 붓고 끓여 국으로 만들어 먹었다.

졸이고 말린 건더기는 꽤 오랜 시간 동안 부패하지 않아 빠르고 편리하게 배를 채울 수 있었다. 이렇게 목동들이 (그들의 선조가 그러했듯이) 장거리 이동 중에 간단히 해 먹을 국물 요리로 개발한 것이 바로 굴라시다[8] 지금으로 치면 인스턴트 라면에 든 건더기 수프 같은 보존식품인 셈이다. 앞서 말한 것처럼 굴라시는 헝가리어

---

8 Sari Edelstein, 앞의 책.

헝가리 상점에 내걸린 파프리카와 마늘. 헝가리 파프리카는 우리가 익히
아는 파프리카와는 달리 고추처럼 길쭉하고 가느다란 형태다. 헝가리

4장 / 굴라시, 헝가리에서 오스트리아로

시장에서는 이렇게 파프리카를 널어놓고 파는 광경을 쉽게 찾아볼 수 있다.

로 구야시라 하는데, 구야gulya는 '소 떼'를 뜻하는 말이
고, 여기서 파생된 단어 구야시gulyás는 '소 치는 목동'이
라는 뜻이다.

　이쯤에서 한 번 상상해보자. 그 옛날 목동들이 먹었던
굴라시는 과연 맛이 어땠을까? 결코 맛있는 음식은 아
니었을 것이다. 오늘날 헝가리 굴라시에는 파프리카 가
루가 필수적으로 들어간다. 특유의 칼칼한 풍미를 내는
것이 바로 이 파프리카 가루다. 콜럼버스가 아메리카 대
륙에서 가져온 이 매력적인 붉은 채소는, 오스만 제국의
지배를 받던 16세기 말부터 헝가리에서 재배되기 시작
했다. 그런데 파프리카 가루가 헝가리 음식에 들어가기
시작한 건 19세기 이후다. 1807년 나폴레옹이 영국을 고
립시키겠다며 유럽 국가들을 대상으로 '대륙 봉쇄령'을
감행한 게 계기였다. 영국 상선이 출입할 수 없게 되자
헝가리의 주요 수입품이었던 후추 역시 공급이 뚝 끊겼
다. 당시 헝가리 음식 맛은 후추와 마늘에 주로 의존했
기에 타격이 엄청났다. 이에 후추의 매운맛을 대신할 조
미료로 파프리카 가루가 쓰이기 시작한 것이다. 그 이전
까지만 해도 파프리카 가루는 맛을 내기보다는 색을 내
는 데 활용되곤 했다.[9] 요컨대 헝가리 굴라시는 원래 매

　9　Joanne Sasvari, 《Paprika: a spicy memoir from Hungary》,

콤하고 향긋한 파프리카 가루가 들어가지 않는, 밍밍한 국이었던 것이다.

고춧가루가 들어간 가루 수프는 빼고 건더기만으로 끓인 희멀건 라면은 영 구미가 당기지 않는다. 담백함을 넘어 그야말로 '무미건조'한 맛일 게 뻔하다. 단순히 비교하기는 어렵겠지만, 마자르 목동들이 먹던 굴라시도 비슷하지 않았을까. 보존식품으로 가지고 다녔으니 며칠이고 묵은 쇠고기에서 풍기는 누린내 또한 상당했을 것이다. 굴라시를 끓일 때마다 주변 들판에서 허브를 닥치는 대로 꺾어 와 넣었던 건 누린내를 조금이라도 잡기 위한 노력이었음을 짐작할 수 있다. 위생 상태는 말할 것도 없다. 건더기를 햇볕에 말리려면 공기 중에 장시간 노출시켜야 한다. 고기 냄새가 진동하는 먹거리를 파리 떼가 가만뒀을 리 없다.

말하자면 굴라시는 목동들이 궁여지책으로 배를 채우는 음식에 가까웠다. 그러던 것이 19세기 들어 헝가리의 국민 음식으로 급부상한다. 파프리카 가루로 맛과 향을 더한 것도 요인이겠지만, 그보다는 오스트리아 제국주의의 영향이 컸다. 굴라시와 오스트리아, 그리고 제국주의라니 언뜻 보기에는 조합이 영 이상하다. 셋 사이에

Can West Books, 2005.

대체 어떤 연관이 있었을까? 이 이야기를 하려면 다시 1,000년 전의 헝가리로 거슬러 올라가야 한다.

합스부르크 제국주의에 폭발한
굴라시 내셔널리즘

895년에 시작된 마자르 출신 아르파드 가문의 헝가리 통치는 1301년까지 약 400년간 이어졌다. 두나강 유역에 정착했음에도 헝가리인들은 유럽의 다른 왕국들로부터 샤머니즘을 신봉하는 야만인 취급을 받았다. 한편으로는 공포의 대상이기도 했는데, 서쪽의 기독교 왕국들을 수시로 침략해 무자비한 폭력과 살인을 저질렀기 때문이다. 이 같은 헝가리의 위세가 잠잠해진 건 955년 레히펠트 전투에서 독일 왕국의 오토 1세에게 대패를 당하면서부터다. 이교도인 마자르 전사들을 격파한 오토 1세는 기독교를 지켜낸 유럽 최강자로 떠올라 962년 로마 교황에게 신성 로마 제국의 초대 황제로 추대됐다.

한풀 꺾인 헝가리에서는 아르파드 가문의 후계자 바이크Vajk가 기독교를 수용하며 헝가리 왕국이 성립됐다. 아시아에서 넘어온 이교도 야만인의 땅 헝가리가 진정한 유럽 국가로 편입된 것이다. 바이크로서는 이웃의 신성 로마 제국이 기독교 전도를 구실 삼아 침공하는 것을 막음과 동시에, 교황에게 왕위를 인정받아 왕권을 확립하려는 목적도 있었다. 그는 세례를 받고 기독교식 이름인 이슈트반István(스테파노)으로 개명했다.

성 이슈트반 1세는 기독교 도입뿐 아니라 다른 유럽 왕국들을 참고로 행정, 율령을 확립해 부족국가의 잔재를 없앴다. 하지만 내부에서는 반발이 적지 않았다. 다른 왕족이나 부족장들은 왕권 강화로 인해 제 밥그릇이 작아질 것을 불안해했고, 이는 치열한 왕위 쟁탈전과 반란의 불씨가 됐다. 성 이슈트반 1세 사후에도 왕실에서는 부자간에, 형제간에, 혹은 삼촌과 조카 사이에 살육전이 반복됐다. 이 과정에 신성 로마 제국, 비잔틴 제국 등 주변 국가들까지 개입하면서 헝가리는 혼란에 빠진다. 국력이 약화된 가운데 13세기에 몽골이 침략해 오자 상당수 주민이 몰살당하기까지 했다.

이후 헝가리는 왕위를 계승할 아르파드 가문의 대가 끊기고, 왕위를 둘러싼 다른 유럽 왕가들의 싸움에 휘둘리다가 1526년 이슬람 국가인 오스만 제국과 벌인 모하치Mohács 전투에서 크게 진 이후 점점 몰락의 길을 걸었다. 이 전투에서 헝가리 왕 러요시 2세가 후세도 없이 전사하자 외세에 의해 영토가 찢겨나가고 국토 전역이 유럽과 이슬람의 전쟁터로 전락했다. 이런 혼란이 지속되던 끝에 1541년, 오스만 제국에게 수도 부다Buda를 점령

이슈트반은 마자르인에게 기독교를 전파한 공을 인정받아 성인聖人
반열에 오르기까지 했다. 부다페스트의 관광 명소인 성 이슈트반
대성당은 그를 기리기 위해 1905년 세워진 건물이다.

4장 / 굴라시, 헝가리에서 오스트리아로

당한다.

이로써 헝가리 영토 대부분은 오스만 제국의 치하에 들어갔다. 또한 북서쪽 일부는 합스부르크령이 됐고, 동쪽 일부는 오스만의 제후국인 동헝가리 왕국(훗날의 트란실바니아 공국)이 차지했다. 오스만은 비옥한 헝가리 땅을 농업 생산에 활용하고 주민들을 노예처럼 부렸다. 하지만 이도 오래가지는 않았다. 17세기 중반 이후 오스만 제국이 내부의 권력 다툼으로 인해 쇠약해진 틈을 타 오스트리아의 합스부르크 왕가가 1686년 부다를 탈환했고, 이어 1699년에는 헝가리 전역을 빼앗았다. 기독교도였던 헝가리 사람들은 158년에 걸친 이슬람 지배에서 벗어나 유럽으로 복귀한 것에 안도했다. 그래서 처음에는 합스부르크 왕가가 새 주인이 된 것을 환영했다. 하지만 합스부르크 제국은 오스만이 그러했듯이 헝가리를 농업 생산지와 군사기지로 활용하는 데에만 몰두했다.

18세기 이후 유럽이 산업혁명과 민주주의, 과학과 철학의 발전으로 크게 진보하는 가운데, 헝가리는 봉건적인 낙후국가로 뒤처져버렸다. 합스부르크 황제 요제프 2세는 형식적으로나마 이어져온 헝가리의 왕좌를 없애는 한편, 마자르어 사용을 금지하고 독일어를 강요했다. 헝가리의 정체성을 완전히 지우고 오스트리아에 동화시켜 영원한 식민지로 만들겠다는 의도였다. 이 같은 제국주의 정책에 반발한 마자르 귀족들을 중심으로 헝가리 민족주의가 촉발됐다.

합스부르크 제국 치하의 헝가리에서는 독립 투쟁이 거세졌다. 마자르 고유의 문화를 재조명하고 발전시키려는 움직임도 나타나기 시작했다. 특히 19세기 초에는 과거 유럽 대륙을 호령했던 마자르의 옛 영광과 유목민 문화를 찬양하는 문학작품이 잇따라 발표된다. 이를 낭만적 민족주의romantic nationalism라 하는데,[10] 굴라시는 낭만적 민족주의 속에서 마자르 전통음식으로서 재조명된다. 앞서 언급했듯이 굴라시는 헝가리 최하층 계급인 목동들이 소를 팔러 다닐 때 먹던 비천한 음식이었다. 헝가리 귀족들은 원래 이런 음식을 거들떠보지도 않았다. 그런데 합스부르크 문화에 대한 저항의 표현으로 민족주의자 귀족들이 굴라시를 식탁에 올리기 시작한다. 민족주의 흐름 속에서 목동은 유목민에서 비롯된 마자르 본연의 모습으로, 그들이 먹던 굴라시는 오스트리아에 대항해 민족이 지켜나가야 할 식문화 자산이 된 것이다. 시간이 흐르면서 굴라시는 계급을 뛰어넘어 헝가

---

10 Lotte Jensen, «The roots of nationalism: national identity formation in early modern Europe, 1600-1815», Amsterdam University Press, 2016.

리인과 헝가리 문화 정체성의 아이콘으로 자리 잡았다. 이런 맥락에서 당시 일었던 민족주의를 가리켜 '굴라시 민족주의'라 부르기도 한다.[11]

물론 음식 형태는 귀족의 신분에 맞게 고급화됐다. 커다란 솥에 며칠 묵힌 고기와 야생 허브를 넣고 물을 부어 끓여 먹던 굴라시는, 신선한 쇠고기의 연한 살코기 부위와 싱싱한 채소로 요리한 뒤 세련된 도자기 식기에 담겨 나오는 음식이 됐다.[12] 귀족들 입맛이 제각각인지라 조리법과 맛은 더욱 다양해졌다. 우선 1820년대 헝가리에서 파프리카 가루가 조미료로 널리 쓰이면서 굴라시 국물에 칼칼한 풍미가 더해진다. 유럽 각국의 왕실이 구황작물로 장려했던 감자가 고기, 양파와 함께 주재료로 쓰이기 시작한 것도 이즈음이다.

국물이 흥건한 수프 형태의 굴라시와 함께 진득하게 졸인 스튜 형태의 굴라시도 나왔다. 스튜 형태의 굴라시를 헝가리에선 푀르쾰트pörkölt라 부르는데, 이는 '표면이 탈 정도로 가볍게 볶는 것'을 뜻한다. 굴라시의 한 갈

---

11 Michelle Marie Metro-Roland, ⟨Goulash nationalism: the culinary identity of a nation⟩, 《Journal of Heritage Tourism》, 2013.

12 Angela Jianu, Violeta Barbu, 《Earthly Delights》, Leiden, 2018.

래인 푀르쾰트는 생고기 겉면에 파프리카 가루, 소금 등을 입힌 뒤 조리한다. 이렇게 하면 직화구이를 한 것처럼 불향이 살아난다고 한다. 그래서 스튜인데도 푀르쾰트라는 명칭이 붙은 것이다. 또한 헝가리에는 푀르쾰트에 사워크림을 더한 파프리카스Paprikás도 있다. 주로 사슴고기나 닭고기로 만든다. 사워크림 대신 무발효 크림이나 약간의 밀가루를 섞기도 하는데, 음식이 완성된 뒤 식탁에 내기 직전에 넣는다. 헝가리의 옛 영토였던 트란실바니아(현 루마니아)의 푀르쾰트는 토카니Tokány라 한다. 몽골식 조리법을 토대로 고기 본연의 육즙을 활용한 스튜다.[13]

19세기 중반, 푀르쾰트는 합스부르크 제국의 주인인 오스트리아에 '굴라시'라는 이름으로 알려진다.[14] 오스트리아가 지배한 보헤미아, 폴란드 등 다른 지역도 마찬가지였다. 헝가리 귀족들이 외국에서 찾아온 손님들을 접대할 때 이 음식을 내놓았기 때문이다.[15] 정복자인 오

---

13 George Lang, «The Cuisine of Hungary», Atheneum, 1971.

14 뒤에서 다시 설명하겠지만, 푀르쾰트와 빈식 굴라시의 전파 과정에 대해선 이견도 있다. 오스트리아 음식업계에서는 빈식 굴라시가 헝가리 굴라시의 재료만 참고했을 뿐 독자적으로 개발된 빈 고유의 향토요리라고 주장한다.

15 Louis Szathmary, «Food in Motion: The Migration of Foodstuff and Cookery Techniques», Prospect Books, 1983.

스트리아 사람들을 위해 차리는 식탁에 헝가리 민족주의가 되살린 굴라시를 내놓은 속내가 따로 있었는지까지는 알 수 없으나, 어쨌든 스튜 스타일의 굴라시는 오스트리아인들의 입맛도 단숨에 사로잡았다. 그 결과 굴라시는 오스트리아의 요리책과 레스토랑 메뉴에 올라가게 된다.

'반역자'들의 굴라시 맛에 빠진

오스트리아 황제

헝가리 민족주의자들의 끈질긴 독립 투쟁은 성공하지 못했다. 1848년의 헝가리 혁명은 전쟁으로 격화돼 1년간 이어졌지만 결국 오스트리아군에 패했다. 헝가리 독립군은 오스트리아군에 붙잡혀 포로가 됐으며, 독립 전쟁의 주역들은 곳곳으로 끌려가 처형당했다. 합스부르크의 젊은 황제 프란츠 요제프 1세는 한층 강압적으로 헝가리를 지배했다.

　하지만 성과는 있었다. 19세기 중반 합스부르크의 오스트리아 제국은 내외적으로 불안 요인이 많았다. 외적으로는 독일 통일을 놓고 경쟁하던 프로이센의 위협이 나날이 커져가는 한편, 내적으로는 헝가리를 비롯한 체코, 폴란드, 이탈리아, 슬라브 등 비독일계 민족들의 반란이 끊이지 않았다. 오스트리아 제국은 중유럽과 동유럽에 걸쳐 방대한 영토를 거느린 대국이었지만 다민족 국가였기에 결속력이 약할 수밖에 없었다. 1866년 프로이센과의 전쟁에서 패하자 국가 재정은 파탄에 이르렀고, 각 민족의 독립 요구까지 겹치면서 제국은 해체 위기에까지 몰렸다. 이에 합스부르크 황실은 1867년 제국 내에서 두 번째로 세력이 큰 마자르 귀족과 타협해 헝가리 왕국을 되살려주기로 한다. 그래서 탄생한 것이 오스트리아·헝가리 이중제국이다.

비록 헝가리 왕국의 왕은 합스부르크 가문의 오스트리아 황제가 겸했지만, 헝가리는 별도의 정부와 의회를 구성할 수 있었다. 외교, 국방, 재정에 관해서는 오스트리아의 인허를 얻어야 했으나 입법, 사법, 행정 등에서는 자치권이 인정됐다. 외교 문제에서 헝가리의 입장이 완전히 배제된 것도 아니었다. 이중제국의 존속 기간인 1867년부터 1918년까지 양국 공동 외교부 장관은 총 12명이 재임했는데, 그중 7명이 오스트리아인이었고 5명은 헝가리인이었다.[16] 쉽게 말해 오스트리아·헝가리 이중제국은 한 회사의 고용인과 피고용인이 동업자로 지

---

16 강성호 외 4인, 《중유럽 민족문제: 오스트리아·헝가리 제국을 중심으로》, 동북아역사재단, 2009.

위를 바꾸고 대표이사 자리만 합스부르크 황실이 맡는 식이었다. 헝가리 귀족 입장에서는 러시아 등 주변 강대국의 위협 속에 무리해서 독립하기보다는 제국의 틀 안에 있는 편이 안정적이라 판단했을 것이고, 아울러 헝가리 왕국 영토인 발칸 반도, 슬로바키아 등의 여러 이민족을 계속 묶어두려면 합스부르크의 억제력이 필요했을 것이다.

이후 오스트리아와 헝가리의 관계는 탄압과 대립에서 존중과 공존으로 전환됐다. 이러한 분위기 속에 헝가리 귀족들은 이중제국의 공무 등으로 겨울이면 빈을 방문해 장기간 체류하곤 했다. 활발한 인적 교류는 자연스럽게 문화적인 교류로 이어졌다. 18세기부터 오스트리아 문화는 프랑스의 영향을 많이 받았다. 따라서 당시 빈의 상류사회 문화는 게르만족 특유의 점잖음에 프랑스의 세련미가 더해진 특징을 지녔다. 그런 그들에게 기마민족 후예인 마자르인의 열정적인 문화는 이국적이고 감각적으로 느껴졌다. 사실 두 민족은 훨씬 오래전부터 악연으로 얽혀 있었으니, 정복자와 피정복자에서 동반자로 지위가 바뀐 점이 마자르 문화의 재발견을 이끌어냈을 수도 있겠다.

어떤 이유였든 간에 빈 사교계에서는 헝가리 풍조가 유행했다. 음악이 대표적이다. 요하네스 브람스가 빈에서 10편의 〈헝가리 무곡〉[17]을 발표한 게 1869년이다. 이 중제국이 성립한 지 불과 2년 뒤다. 음울한 집시 멜로디에 빠른 템포를 입힌 〈헝가리 무곡 제5번〉은 유럽 전역에서 각광을 받았다. 클래식에 큰 관심이 없는 사람이라도 살면서 한 번쯤은 들어볼 만큼 유명한 곡이다. 빈의 레스토랑에서는 이런 헝가리 운율의 연주를 감상하며 헝가리 음식을 먹는 게 유행처럼 번졌다. 이때 식탁에 오른 메뉴가 바로 굴라시였다.[18] 앞서 말했듯이 굴라시는 이미 헝가리 독립 투쟁이 한창일 때부터 요리책 등을 통해 오스트리아에 알려진 음식이었다. 그런데 빈에서의 헝가리 스타일 유행과 함께 폭발적인 인기를 누리며 아예 향토음식인 양 자리 잡은 것이다.

오스트리아 요리사들은 굴라시에 밀가루를 넣어 만든 사프트굴라시를 선보였다. 당시 빈에서는 국물이 흥건한 수프보다 루roux를 활용해 진득하게 만든 프랑스식 스튜가 대세였기 때문이다. 오스트리아를 비롯해 영국, 독일, 러시아 등 잘나가는 유럽 국가들의 귀족들은

---

17 이후 발표된 곡들을 포함해 브람스의 〈헝가리 무곡〉은 총 21편이 있다. 브람스는 독일 출신이지만 오스트리아 빈에서 음악가로 많은 활동을 했다.

18 Max Graf, 《Legend of a Musical City: The Story of Vienna》, Open Road Media, 2015.

유독 프랑스 음식에 대한 집착이 심했다. 프랑스식이라면 양잿물이라도 들이켤 기세였다. 프랑스 스타일에 대한 열광은 먹는 것에서 그치지 않았다. 이미 한참 전인 17~18세기에도 유럽 각국 왕실에서는 프랑스 패션, 프랑스 건축, 프랑스 가구 등 의식주의 많은 것에서 프랑스 스타일을 흉내 내려 했다.

그도 그럴 것이 당시 프랑스 부르봉 왕가의 궁정 문화는 화려하기 이를 데 없었다. 역대 왕들은 내로라하는 요리사, 디자이너, 건축가들을 왕실로 불러 모아 최고의 인재들이 최고의 재료로 만들어낸 음식이며 옷, 건축물을 마음껏 향유했다. 그 정점을 찍은 것이 우리도 잘 아는 베르사유 궁전이다. 물론 이러한 향락은 프랑스 국민들의 고혈로 이루어진 것이었고, 왕실에서 무도회가 열릴 때 국민 대다수는 굶주림과 병에 시달리다 죽음을 맞이했다. 이렇게 누적되던 불만이 폭발해 결국 1789년 프랑스 혁명이 일어난다. 왕과 왕비, 귀족들은 줄줄이 단두대에 올라 처형됐고, 졸지에 실업자 신세가 된 왕실 요리사들은 혼돈에 빠진 프랑스를 떠났다. 영국, 오스트리아, 러시아 등의 왕이나 귀족에게 채용된 것이다. 이에 따라 19세기 들어 프랑스 음식이 유럽 각지의 상류층 식탁에 깊숙이 들어오게 된다. 이러한 풍조 속에 프랑스 조리법으로 한층 고급스럽게 변한 굴라시는 오스트리아 황실의 식탁에도 단골 메뉴로 올랐다. 헝가리 독립 운동을 가혹하게 탄압했던 황제 프란츠 요제프 1세가 굴라시를 무척 좋아했다고 한다.

헝가리식 굴라시와 달리 뻑뻑해진 빈식 굴라시는 아무래도 간이 센 편이라 카이저제멜Kaiser Semmel 같은 롤빵을 곁들여 먹곤 했다. 요즘은 슈페츨레Spätzle(오스트리아식 수제비)나 노케를Nockerl(오스트리아식 뇨끼)에 소스처럼 끼얹어 먹기도 한다. 이렇게 토착화가 이루어져서인지 오스트리아에서는 헝가리의 푀르쾰트가 이중제국 시절에 개발된 빈식 굴라시의 역수출 음식이라는 주장도 있다. 일부 음식 연구자나 요리사들은 재료 및 조리법의 차이 등을 근거 삼아 푀르쾰트와 빈식 사프트 굴라시는 전혀 다른 음식이며 헝가리어 구야시에서 명칭만 차용해 온 것이라고도 주장한다.

빈의 굴라시 유행을 선도한 건 왕실이나 귀족만이 아니었다. 헝가리 군인들도 한몫했다. 이중제국 성립과 함께 헝가리 왕립 국방군은 그들의 왕(오스트리아 황제)을 수호하기 위해 빈에 주둔했다. 이국땅에 머물게 된 수많은 헝가리 병사는 고향 음식인 굴라시를 부대 급식으로 곧잘 먹었다. 자연스럽게 오스트리아 군인들 역시 굴라시를 자주 접했을 것이다. 더욱이 굴라시는 만들기 쉽고 국자로 떠서 식기에 담기도 편해 군대 배식

빈식 굴라시는 헝가리 굴라시에 비해 국물이 훨씬 적다. 아래에 놓인 것이 카이저제멜로, 밀가루, 효모, 맥아 등으로 만든 딱딱한 빵이다. 빵 윗면에 바람개비 같은 칼집을 넣는 것이 특징적이다.

용으로 적합했다. 굴뚝이 달려 대포처럼 생긴 이동식 조리기구에서 만들어 곧바로 병사들에게 제공되곤 했는데, 오늘날 야전 취사장을 뜻하는 독일어 '굴라시카논 Gulaschkanone(굴라시 대포)'이 여기서 비롯됐다고 한다.

굴라시 맛에 빠진 이들은 군인 말고도 또 있었다. 바로 마부들이다. 오스트리아·헝가리 이중제국은 영토가 프랑스나 독일보다 넓었고, 인구는 러시아, 독일에 이어 유럽에서 세 번째로 많았다.[19] 이 대제국의 수도 빈은 세계 각지에서 온 사람들로 붐볐다. 노면전차나 자동차가 다니기 한참 전이라 수많은 시민과 방문객은 마차를 이용했다. 당연히 마차 영업이 성황을 이뤘고 빈 시내에 마부(피아커)들이 급증했다(앞서 언급한 피아커 굴라시가 바로 당시 마부들이 먹던 굴라시에서 비롯된 것이다). 오늘날 택시기사들이 그러하듯이 마부들은 이동이 잦다 보니 끼니때마다 식사를 챙겨 먹을 여유가 없었고, 고기가 들어 있어 속이 든든해지는 굴라시는 이들의 주린 배를 채우기에 딱 좋았다. 하지만 마부들의 주머니 사정이 별로 좋은 편은 아니었던지라 가격은 저렴해야 했다. 식당들은 단가를 맞추기 위해 고기를 줄이는 대신 비교적 값싼 소시지나 달걀 프라이, 오이 피클, 롤빵, 오

---

19 강성호 외 4인, 앞의 책.

스트리아식 만두 등을 잔뜩 올린 피아커 굴라시를 내놓았다.

제국의 다른 지역 사람들 역시 빈 방문길에 맛본 굴라시를 고향에 돌아가 각자의 입맛에 맞춰 조금씩 다른 방식으로 조리해 먹었다. 옛 이중제국 영토였던 체코, 슬로바키아, 크로아티아, 세르비아, 슬로베니아, 폴란드, 이탈리아 동북부 등의 식당 메뉴에 굴라시가 현지 음식처럼 올라 있는 이유가 여기에 있다. 빈 외식업계에서의 굴라시 유행은 오스트리아와 교류한 독일, 프랑스 등 외국에까지 번졌다. 프랑스 요리사 에스코피에(앞서 보르시를 프랑스에 유행시켰던 바로 그 셰프다)가 1879년 몬테카를로의 그랜드호텔 레스토랑 메뉴에 '헝가리풍 굴라시Goulash à la Hongroise'를 올린 데 이어 1903년 자신의 요리책 《요리의 길잡이Le Guide Culinaire》에 굴라시 레시피를 소개하기에 이른다.

이렇듯 이중제국의 번영과 유럽의 유명한 요리사 및 미식가들의 높은 관심 속에 굴라시는 세계적인 음식이 됐다. 하지만 제국 안팎으로 퍼져나간 굴라시는 헝가리식 수프가 아닌 푀르쾰트나 빈식 사프트굴라시에 가까운 스튜 형태였다. 이 때문에 유럽에서 '굴라시'라고 하면 스튜를 떠올리는 경우가 대부분이라 한다.

이중제국이 성립된 뒤 헝가리 사회는 (겉보기에는) 안정을 유지하면서 건국 1,000주년(1896년)을 맞았다. 이즈음 수도 부다페스트에는 영웅광장, 국회의사당, 어부의 요새 등[20] 근사한 건축물들이 속속 들어섰고, 1896년 세계에서 두 번째로 지하철이 운행을 시작했다. 하지만 속내에는 많은 문제가 도사리고 있었다. 동반자라고 추켜세워지기는 했지만 어쨌든 이중제국의 주도권은 여전히 오스트리아가 쥐고 있었으며, 헝가리인은 제국의 2등 시민이었다. 은근한 차별은 불만을 누적시켰다.

이 때문에 헝가리 의회에서는 이중제국 찬성파와 반대파 간에 첨예한 갈등이 일어 국론이 분열됐다. 반대파 정치인들 중에는 오스트리아로부터 당장 독립해야 한다는 강경 세력이 적지 않았는데, 이들 반대파가 헝가리 의회 다수를 차지하자 오스트리아 황제가 내각을 거부하는 사태까지 빚어졌다. 건국 1,000주년을 맞아 헝가리 정부가 마자르 민족주의를 지나치게 강조하면서 영토 내 이민족들의 반감을 자극한 것 역시 사회 불안을 야기

---

20 영웅광장은 1896년 착공해 1929년에 완공됐고, 국회의사당은 1887년에 착공해 1902년에 완공됐으며, 어부의 요새는 1895년에 착공해 1902년에 완공됐다.

한 요인이 됐다.

　서유럽에 비해 훨씬 낙후된 경제와 산업도 문제였다. 이중제국 이전 시대에 비하면 헝가리 경제가 발전한 건 분명했다. 하지만 20세기 초까지도 농·축산업 의존도가 높았을뿐더러 상공업 발전 속도는 현저히 느렸다. 마자르인이든 이민족이든 가난한 헝가리 시민들은 먹고 살기 위해 고국을 등졌다. 1880년부터 제1차 세계대전이 발발한 1914년까지 미국으로 이주한 사람이 약 180만 명에 달했다고 한다. 이 수많은 이민자와 함께 굴라시도 대서양을 건넌다. 이에 따라 미국 요리책에 굴라시 레시피가 소개되기 시작한다.

　물론 새 정착지에서 굴라시의 재료며 조리법은 커다란 변화를 겪는다. 1922년 미국 영양사 베르타 M. 우드Bertha M. Wood가 쓴 《외국에서 온 음식들Foods of the Foreign-Born》에 실린 레시피에서는 굴라시의 핵심 재료라 할 수 있는 파프리카 가루가 빠져 있다.[21] 미국인 입맛에 맞게 달라진 굴라시는 급기야 '아메리칸 굴라시American goulash'로 구분지어 불리게 된다. 헝가리 정통 굴라시와 달리 국물이 없고 마카로니, 치즈, 토마토소스

21　Lucy Lean, 《Made in America: Our Best Chefs Reinvent Comfort Food》, Welcome Books, 2011.

등이 듬뿍 들어가며, 고깃덩어리 대신 다진 고기를 넣는 것이 특징이다. 언뜻 봐서는 도저히 같은 뿌리의 음식이라는 생각이 들지 않을 정도로 차이가 크다. 처음엔 이민자의 음식으로서 고유한 특징을 지녔으나, 세월이 흐르면서 재료 면에서나 식문화 면에서나 '미국화'가 진행된 결과다.

어쨌든 19세기부터 시작된 헝가리인들의 미국행은 2차대전까지 계속 이어졌고, 미국의 '굴라시 인구'도 계속 늘어났다. 1차대전 이후 헝가리가 대혼란에서 좀처럼 벗어나지 못한 탓이다. 잘 알려져 있듯이 1914년 오스트리아의 페르디난트 황태자 부부가 사라예보에서 암살당한 것을 계기로 1차대전이 발발한다. 오스트리아는 곧 세르비아에 선전포고를 날렸다. 헝가리 내에서는 참전 여부를 놓고 논쟁이 있었지만 결국에는 참전했고, 패했다.

전쟁터가 된 헝가리에서는 66만여 명이 사망했다. 가뜩이나 부족하던 산업 기반시설은 완전히 파괴됐고, 농업 생산량은 반 토막이 났다. 헝가리 경제는 회복하기 어려울 정도로 추락했다. 여기에 더해 승전한 연합국은 이중제국을 해체시킨 뒤 오스트리아 편에 섰던 죄를 물어 1920년 트리아농 조약[22]으로 헝가리를 찢어놓았다. 조약에 따라 땅을 이리저리 할양하면서 국토는 3분의 1

아메리칸 굴라시. 이름만 같은 피자일 뿐 맛과 재료, 모양새, 식감 등이
판연하게 다른 나폴리 피자와 시카고 피자처럼, 언뜻 보기에도 아메리칸
굴라시는 헝가리 굴라시와 큰 차이가 있다.

수준으로 줄어들고, 2,000만 명이 넘던 인구는 760만 명으로 줄어듦에 따라 헝가리는 약소국으로 전락한다.

절망적인 상황 속에서 헝가리 지도부는 갈 길을 잃었다. 1차대전 직후에는 볼셰비키 혁명의 영향으로 헝가리 소비에트 공화국이 잠시 세워지는가 하면, 제2차 세계대전에서는 나치 독일 측에 합류했다. 헝가리 내부에서 반反나치 운동이 전개되자 히틀러는 아예 부다페스트를 점령해버렸다. 전쟁이 끝난 뒤엔 다른 동유럽 국가들과 마찬가지로 소련의 세력권 안에 들어가며 공산당 독재가 시작됐다. 헝가리에 살던 수많은 유대인은 미국행을 택했다. 이들과 그 후손은 미국의 정·재계, 과학계, 언론계, 연예계, 스포츠계 등 다방면에 진출해 성공을 거둔다. 이름을 나열하자면 에스티 로더, 캘빈 클라인, 로버트 다우니 주니어, 골디 혼 등 셀 수 없이 많다. 어쨌든 이민자가 늘고, 그들이 미국 주류 사회에 진출하면서 굴라시는 대중적인 미국 음식이 된다.

19세기 오스트리아 제국을 통해 유럽에 퍼져나갔던

---

22 1차대전 당사자인 연합국과 헝가리 사이에 맺어진 조약이다. 주요 내용은 오스트리아와 헝가리의 분리를 통한 이중제국의 해체, 헝가리 영토 내에 위치한 체코슬로바키아와 유고슬라비아의 독립 인정, 체코슬로바키아 · 유고슬라비아 · 오스트리아 · 루마니아 등 주변국에 대한 헝가리 영토의 할양, 군비 제한, 전쟁 피해 배상 등이다.

굴라시는 20세기에는 미국을 주춧돌 삼아 전 세계에 알려졌다. 그래서인지 이 독특한 음식 이름은 헝가리 국가와 민족을 상징하는 대명사처럼 쓰이게 되는데, 이를테면 '굴라시 공산주의'가 그렇다.

1956년 부다페스트에서는 반공·반소련을 부르짖는 '헝가리 혁명'이 일어난다. 이를 계기로 헝가리 공산당은 1960년대 이후 다른 동구권 국가들과 달리 서방 세계와 교류하거나 시장경제를 일부 도입해 개혁을 추진하는 등 유연한 정책을 펼쳤다. 이를 가리켜 '굴라시 공산주의'라 부른 것이다. 여기에는 굴라시가 고기, 양파, 감자, 허브 등 다양한 재료로 만드는 음식이듯이, 헝가리식 공산주의도 서로 다른 이데올로기를 조합해 새로운 체제를 만든다는 의미가 내포돼 있었다. 마찬가지로 헝가리가 1989년 공산주의 1당 독재를 끝내고 자본주의 민주 공화국으로 전환하자 이를 가리켜 '굴라시 자본주의'라 하거나, 1970년대 헝가리 영화계에서 유행한 총잡이 마초들의 활극을 할리우드 서부극에 빗대어 '굴라시 서부극'이라 부르기도 했다.

합스부르크 황실 후손이 만든 헝가리 굴라시

1918년 1차대전이 끝나면서 합스부르크 황실의 운명은 끝났다. 마지막 황제 카를 1세는 공화정이 선포된 오스트리아에서 폐위를 당하고 스위스로 망명했다. 오스트리아에서 버림받은 그는 헝가리 국왕으로 복위하려 했지만, 헝가리 정계의 반대에 부딪혀 실패했다. 비록 합스부르크 출신의 헝가리 왕은 사라졌지만, 이중제국 시대에 양국 간 정치 교류가 활발했기에 헝가리 정부에 고위직으로 자리 잡은 합스부르크 가문 사람들은 있었다. 지금도 그렇다.

에두아르트 폰 합스부르크로트링겐Eduard von Habsburg-Lothringen이 그중 한 명이다. 그는 2015년부터 바티칸 시국에 주재하는 헝가리 대사로 일하고 있다. 독일 뮌헨에서 태어나고 오스트리아 빈에서 오래 살아 헝가리어를 유창하게 구사하지는 못해도 헝가리에서 주요직을 맡았던 집안 덕분에 대를 이어 공직자가 됐다. 어쨌든 그가 2018년 12월 자신의 SNS 계정에 흥미로운 동영상과 사진을 게시해 헝가리 뉴스에 보도되는 등 화제를 모았다.

게시물 제목은 'How to make Hungarian Goulash (Pörkölt)', 즉 '헝가리식 굴라시(푀르쾰트) 만들기'다. 약 10분짜리 동영상에서 에두아르트는 앞치마를 두르고 직접 굴라시를 요리하는 과정과 헝가리 굴라시를 소개하는 장면 등을 담았다. 배경음악으로는 브람스의 ‹헝가리 무곡 제5번〉을 깔았다. 맛이야 알 수 없지만 완성된 굴라시는 꽤 그럴싸했다. 그는 "인생 첫 요리 동영상입니다. 평소에 요리를 거의 안 해봤으니까 제이미 올리버 같은 실력은 기대하지 마세요"라는 설명도 덧붙였다.

비록 피를 물려받은 직계는 아니지만, 에두아르트는 옛 오스트리아 제국 프란츠 요제프 1세 황제의 5대손이다(황태자의 자살 등 복잡한 가정사로 황제에게 후사를 이을 아들이 없어지자 가문의 친척 조카를 양자로 들였단다). 앞서 살펴본 것처럼, 요제프 1세는 1848~1849년 헝가리 독립전쟁을 진압하고 포로로 잡은 민족주의자들을 무자비하게 처형시킨 것으로 악명이 높았다. 그 원한이 얼마나 골수에 사무쳤는지, 한 헝가리 민족단체 회원이 1853년 빈에서 산책 중이던 황제를 칼로 찔러 암살을 시도하기도 했다. 물론 1867년 오스트리아·헝가리 이중제국을 탄생시켜 공존을 모색하며 양국 군주를 겸한 주역도 요제프 1세다. 그 황제의 5대손이 헝가리 민족주의의 상징적 음식인 굴라시를 직접 요리하면서 동영상까지 찍어 홍보하다니, 이건 확실히 뉴스 감이긴 하다.

뭐, 요제프 1세도 헝가리와의 악연이 무색하게 생전에 굴라시 맛에 푹 빠졌었다고는 하지만……. 역시나 세상 참 많이 변했다.

사테,
인도네시아에서
네덜란드로

2018년 9월 인도네시아 관광청이 국민 음식을 선정해 발표했다. 고깃국 소토soto, 고기 조림 렌당rendang, 볶음밥 나시고렝nasi goreng, 꼬치구이 사테satay(혹은 saté나 sate), 땅콩소스 샐러드 가도가도gado-gado다. 정부가 국민 음식을 공식적으로 지정하는 것도 이례적이지만, 그 종류가 다섯 가지나 된다는 게 흥미롭다.

아리프 야흐야Arief Yahya 당시 인도네시아 관광청장은 국민 음식을 5종류나 선정한 이유를 "우리나라에는 너무 많은 음식이 있기 때문"이라고 말했다. 똑 부러진 사람도 이것저것 다 맛있는 식당에서는 메뉴를 쉽게 결정하지 못하게 마련이니, 인도네시아 관광청 역시 비슷한 고민에 빠졌을 터다. 그도 그럴 것이 인도네시아는 인구가 2억 7,000만 명(세계 4위)에 국토 면적은 191만 9,443제곱킬로미터로 한국의 19배가 넘는다. 이렇게 사람도 많고 광활한 나라다 보니, 추리고 추려도 5종류 이하로는 줄일 수 없었던 모양이다.

물론 인구는 중국이나 인도에 비하면 한참 적고, 면적

역시 한국에 비할 때 커 보이는 것이지 러시아 같은 나라에 비하면 좁은 편이다. 그런데 인도네시아는 섬나라다. 크고 작은 섬이 무려 1만 7,508개에 이른다. 사람이 거주하는 섬만 약 6,000개에 이른다. 섬 특성상 오랜 세월 각 지역이 고립된 채 서로 다른 문화를 발전시켜왔다. 더욱이 이 엄청난 수의 섬들이 동서로 넓게 퍼져 서쪽은 인도양에, 동쪽은 태평양에 걸쳐 있다. 동부 끝에서 서부 끝까지 거리는 지구 둘레의 8분의 1을 차지하며 시차는 3시간이다(이마저도 인도네시아 정부가 편의를 위해 조정한 것으로, 주변국 시간대를 고려하면 4시간이 맞다). 인접한 나라만 해도 인도, 호주, 태국, 베트남, 말레이시아, 필리핀, 파푸아뉴기니, 싱가포르, 동티모르, 팔라우 등 10개국에 이른다.

이뿐만이 아니다. 인구 구성도 다양하다. 인도네시아 토착민 인종은 자와인, 순다인, 말레이인, 바타크인, 마두라인 등으로 구분되는데, 각 인종에 속한 민족 수를 다 합치면 300여 민족이 살아간다. 공식 언어는 인도네시아어지만, 각지의 여러 민족이 서로 다른 언어와 방언을 구사한다. 마찬가지로, 이슬람 국가(무슬림 80% 이상)로 알려져 있지만 기독교, 힌두교, 불교 등 종교도 다양하다. 이런 사실들을 놓고 보면 인도네시아에는 "너무 많은 음식"이 있다는 말에 고개가 끄덕여진다.

인도네시아 음식은 굉장히 다채롭지만, 한국에는 아직 전문 식당이 흔치 않다. 한국 외식업계에서 동남아시아 음식은 태국과 베트남 요리가 대세다. 각각의 대표 메뉴인 똠양꿍이나 쌀국수는 많은 한국인이 즐겨 먹는다. 이들 못지않게 유명한 인도네시아 음식 중 하나인 나시고렝 역시 젊은 층에게 꽤 알려진 편인데, 태국 음식점이나 베트남 음식점에서 메뉴에 올리고 있어서다.

엄밀히 따지면, 나시고렝은 인도네시아에서 생겨난 전통음식이 아니다. 중국 볶음밥인 차오판炒飯에 인도네시아 양념과 재료가 더해져서 현지화된 결과물이다. 대륙에서 건너온 음식이 오늘날 인도네시아의 국민 음식으로 각광받기까지는 무더운 날씨의 영향이 컸다. 적도에 위치한 인도네시아는 고온다습한 열대 기후 탓에 저장해둔 식재료며 조리해놓은 음식들이 곧잘 상한다. 쌀밥은 말할 것도 없다. 냉장고가 없던 시절엔 지은 밥을 바로 먹어치우지 않으면 죄 버려야 했다.

이런 고민을 해소시켜준 것이 바로 인도네시아에 들어온 중국인들의 차오판이었다. 남은 밥이 쉬기 전에 양념을 넣고 기름에 볶으면 부패 속도를 늦출 수 있었던 것이다. 물론 인도네시아 각지에서 나는 특산물에 따라 넣는 재료가 달라졌다. 수마트라Sumatra 섬에서는 소금에 절인 멸치를 넣고, 자와Java 섬에서는 종려당(야자 설

5장 / 사테, 인도네시아에서 네덜란드로

탕)을 넣는다. 인도네시아 식문화에는 이처럼 외국에서 들어와 토착화된 전통음식들이 상당히 많다. 아주 오랜 옛날부터 외세의 침략을 줄기차게 받았고, 해상 교류도 활발하게 해왔기 때문이다. 동아시아와 서아시아를 해상으로 오가는 길목인 말라카 해협에 자리한 지정학적 숙명이다. 인도네시아의 인구 구성이 복잡하고 혼혈이 많은 이유가 여기에 있다.

반대로 인도네시아 음식이 다른 나라 식문화에 파고들어 큰 영향을 끼친 사례가 있다. 바로 네덜란드다. 인도네시아 말고 인도네시아 음식점이 가장 많은 국가는 네덜란드라는 이야기가 있을 정도다. 암스테르담, 로테르담, 덴 하그Den Haag 등 대도시에는 중국식·네덜란드식을 포함해 인도네시아 식당이 수두룩하다. 소도시나 마을에서도 볼 수 있을 정도다. 메뉴도 나시고렝은 물론 렌당, 가도가도 등 다양하다. 그만큼 네덜란드 사람들이 인도네시아 맛에 친숙하다는 말이다. 그 배경에는 네덜란드가 1602년부터 1949년까지 무려 350여 년에 걸쳐 인도네시아를 식민지로 삼았던 과거가 있다. 그런데 여러 요리 가운데서도 네덜란드 식탁에 깊숙이 침투해 현지 음식으로 여겨질 만큼 토착화된 것이 있다. 바로 사테다.

'볶음밥'을 뜻하는 나시고렝은 아침식사로 많이들 먹는다. 재료는
얼마든지 달라질 수 있는데 주로 닭고기나 새우를 넣어 먹으며, 달걀은
밥을 볶을 때 풀어 넣기도 하고 따로 부쳐 얹어 먹기도 한다.

사테는 직화구이 꼬치 요리다. 닭, 오리, 염소, 소, 물소 등 육류를 비롯해 각종 해산물까지, 꼬치에 끼우는 재료는 다양하다. 심지어는 개, 거북이, 뱀, 도마뱀, 박쥐, 염소 고환으로 만든 사테도 있다. 보통 재료를 향신료에 새워두었다가 꼬치에 끼워 숯불에 구우면서 불맛을 입힌 다음 소스에 찍어 먹곤 한다. 소스는 사테의 맛을 좌우하는 핵심이다. 때문에 사테를 가업으로 잇는 유명한 식당에서는 소스 제조법을 비법으로 철저하게 지킨다. 인도네시아뿐 아니라 외국에까지 잘 알려진 소스는 단연 땅콩소스다.

이렇게 재료도 소스도 제각기 다른 사테는 맛뿐만 아니라 형태도 여러 가지다. 먹기 좋은 크기로 손질한 고기를 꼬치에 끼우는가 하면 다진 고기를 완자처럼 둥글게 빚어 끼우기도 한다. 꼬치 재질에도 차이가 있다. 보통은 나무 꼬치를 쓰지만 쇠 꼬치도 있다. 관광지로 유명한 발리에서는 레몬그라스의 단단한 가지 끝을 뾰족하게 다듬어 쓴다. 단면이 둥글고 위아래 두께가 일정하게 얇은 것은 닭고기나 해산물 사테에 쓰이고, 단면이 평평하면서 손잡이 부분인 아래쪽이 더 두꺼운 것은 양고기나 쇠고기 사테에 쓰인다.

자, 그렇다면 수많은 종류의 사테 중에서 뭘 먹어봐야 할까? 인도네시아 관광청이 운영하는 '원더풀 인도네시아' 사이트는 외국인들에게 7종류를 추천하고 있다. 사테 아얌, 사테 캄빙, 사테 마랑기, 사테 크랑, 사테 파당, 사테 릴릿, 사테 분텔이다.

가장 대중적인 것은 사테 아얌이다. 아얌ayam은 인도네시아어로 '닭'을 뜻하니, 닭꼬치인 셈이다. 인도네시아는 물론 네덜란드 등 해외에서도 많이 먹는 사테다. 인도네시아에서 사테는 주로 노점상에서 사 먹는 길거리 음식인데, 사테 아얌은 워낙 찾는 손님들이 많아 고급 레스토랑에서도 판다. 달콤한 간장 양념에 재운 고기를 숯불에 구워 매콤한 땅콩소스나 단 간장sweet soy sauce[1]에 찍어 먹는다. 고소하고 짭짤하고 달달한 사테 아얌에는 얇게 저민 샬롯이나 다진 고추를 곁들여 개운함을 더한다.

사테 캄빙kambing은 염쇠고기(캄빙은 염소를 뜻한다) 꼬치다. 이 역시 인도네시아 전역에서 맛볼 수 있는 인기 사테로, 깍둑썬 염쇠고기를 파인애플에 재워 굽는다. 상큼한 파인애플이 염쇠고기 특유의 누린내를 잡아주면서 연육제 역할도 한다. 땅콩소스나 달달한 간장을 찍

---

1 발효 콩, 야자 설탕 등으로 만든 소스다.

5장 / 사테, 인도네시아에서 네덜란드로

인도네시아에서 맛볼 수 있는 가지각색의 사테. 어떤 재료든 꼬치에 끼워 굽기만 하면 사테가 완성된다.

어 먹는다.

쇠고기나 염쇠고기로 만드는 사테 마랑기maranggi는 수도 자카르타Jakarta에서 멀지 않은 자와 섬 서부 푸르와카르타Purwakarta의 향토요리다. 고기를 풋고추와 사탕수수 식초에 재워 구우며, 샬롯이나 토마토를 곁들여 먹는다.

해산물로는 가리비 꼬치구이인 사테 크랑kerang이 있다. 크랑은 '조개'나 '패류貝類'를 의미한다. 자와 섬 동부 항구도시 수라바야Surabaya의 별미로 유명하다. 가리비를 익혀서 라임 잎, 생강, 단 간장, 타마린드 즙으로 만든 양념에 재운 뒤 숯불에 굽는다.

사테 파당padang은, 화려한 식문화를 자랑하는 수마트라 섬 서부 항구도시 파당Padang의 대표적인 꼬치구이다. 조리 과정에 손이 제법 가는 꼬치라 그런지 고급 요리 대우를 받는다. 우선 소 혀나 쇠고기에 라임 잎, 레몬그라스, 고수, 생강, 강황을 넣고 끓여 잡내를 제거하고 향을 입힌다. 이렇게 조리한 고기를 다시 숯불에 구워 갖은 향신료로 만든 매콤한 소스를 끼얹어 먹는다.

사테 릴릿lillit은 발리의 향토 꼬치구이로, 곱게 저민 어육에 코코넛, 라임 즙, 코코넛 밀크, 샬롯을 넣고 어묵 반죽처럼 만든 뒤 레몬그라스 줄기에 동그랗게 감아('릴릿'은 '감는다'는 뜻이다) 붙여서 굽는다. 생선살 외에 닭, 거북이 등도 쓰인다. 발리는 힌두교를 믿는 지역이라 돼지고기로도 사테 릴릿을 만든다.

끝으로 사테 분텔buntel은 다진 쇠고기나 양고기에 샬롯, 마늘, 생강, 커민 등을 섞은 것을 순대나 소시지처럼 대망막大網膜 지방caul fat(소나 염소, 돼지 등의 내장기관을 감싸고 있는 그물 모양의 얇은 지방막)으로 감싼 뒤 단 간장을 끼얹으며 굽는 꼬치다.

길거리 음식의 대명사인 만큼 사테는 야식 메뉴로 각광받는다. 어둑어둑해져 한낮의 무더위가 사그라들 무렵이면 사테 노점상들이 도시 곳곳에 이동식 주방을 차리고 화로에 숯불을 피운다. 기차역이나 버스터미널 부근, 시장처럼 밤에도 붐비는 장소가 명당이다. 사테가 지글지글 소리를 내며 맛깔나게 익어가는 모습을 손님들이 볼 수 있도록 상인들은 화로 가까이에 자그마한 가스 랜턴을 달아둔다. 고소한 냄새에 이끌려 온 행인들은, 가로등에 달려드는 불나방처럼 노점 가스등 앞에 옹기종기 모여 사테에서 눈을 떼지 못한다. 물론 사테를 노점 야식으로만 즐기는 건 아니다. 저렴한 대중식당이나 값비싼 고급 레스토랑에서도 내놓고, 축제나 명절, 결혼식 같은 잔칫날에도 빠지지 않아 인도네시아 사람들의 일상과 늘 함께하는 음식이다.

그런데 꼬치구이 자체는 인류의 보편적인 음식 형태

다. 선사시대부터 이어져온 조리 방식이기 때문이다. 원시인들이 화식火食에 맛을 들였을 즈음에는 지금과 같은 프라이팬이나 불판 같은 조리도구가 없었으니, 사냥한 고기를 돌로 찢어 뾰족한 나뭇가지에 꿴 뒤 불에 구워 뜯어 먹었을 것이다. 원시인들의 이 단순한 먹거리는 식문화 발달과 함께 진화하면서 오늘날의 꼬치구이가 됐다. 그래서인지 꼬치 형태의 고기 요리는 세계 각지의 전통음식에 공통적으로 나타난다.

이를테면 한국에는 산적散炙이 있다. 산적은 고구려에서 꼬치에 고기를 꿰어 먹었던 맥적貊炙에서 비롯된 것으로 추정된다고 하니, 역시 역사가 오래됐다. 조선시대 고서에도 설야멱적雪夜覓炙, 설하멱적雪下覓炙 등 엇비슷한 이름으로 꼬치구이가 기록되어 있다.[2] 중국의 양러우촨羊肉串(양꼬치), 일본의 야키토리焼き鳥(닭꼬치), 브라질의 슈하스쿠, 그리스의 수블라키, 조지아의 샤슬릭 등도 서로 닮은 점이 많은 꼬치구이 요리다.

앞서 '커리'로 다뤘던 인도에도 이러한 꼬치구이 요리가 있다. 바로 케밥kebab이다(꼬치에 꿴 고깃덩어리를 조금씩 잘라 먹는 터키 케밥과는 달리, 우리가 익히 아는 꼬치구이 형태의 음식이다). 사테는 이 인도 케밥에서 비

---

2   정혜경, 《고기의 인문학》, 따비, 2019.

롯됐다는 것이 정설로 통한다. 인도와 인도네시아 간에는 상인들이 자주 드나들었으니, 그 과정에서 자연스럽게 케밥이 자와 섬에 전래됐다는 것이다. 사테라는 이름의 어원도 인도 타밀어[3]로 '살코기'를 의미하는 '사타이 sathai'라고 한다.[4]

인도 케밥은 보통 양념한 고기와 채소를 함께 꿰어 굽는데, 이것이 인도네시아로 넘어오면서 주로 고기만 요리하는 형태로 바뀌었고, 크기도 작아졌다. 양념으로 입히는 향신료나 소스 역시 현지 사정과 입맛에 따라 달라졌다. 정확한 기록이 없는 탓에 케밥의 유입 시기에 대해서는 논쟁이 분분하다. 수백 년 전이라는 주장이 있는가 하면, 근대에 들어왔다는 주장도 있다. 이런 배경을 놓고 보면 사테가 인도네시아 국민 음식으로 인정받을 자격이 있는지 의구심이 들기도 한다. 인도네시아에서 발현한 것이 아니라 그 밖에서 유입된 음식이라는 점에서 말이다. 그렇지만 앞서 말했듯 인도네시아는 아주 오래전부터 다민족·다문화 국가였다. 섬 주변의 여러 문화가 서로 만나고 충돌하고 교류하며 독특한 식문화

---

3 드라비다어족에 속하는 언어로 인도 남동부 타밀나두주의 타밀족이 사용하는 말이다. 인도의 15개 공용어 중 하나다.

4 Vivienne Kruger, «Balinese Food: The Traditional Cuisine & Food Culture of Bali», Tuttle Publishing, 2014.

를 발전시켜왔다. 오랜 세월 여러 나라의 음식을 흡수하면서 발달해왔다는 얘기다. 중국의 차오판이 나시고렝으로, 인도 케밥이 사테로 현지화됐듯이 말이다. 여기에 현지 식문화와 어우러지면서 땅콩소스 등 고유의 맛이 개발됐으니 인도네시아 정체성을 충분히 반영한다고 볼 수 있다.

바다를 건너온 아시아 상인과
유럽 제국주의 침략자

앞서 말했듯 인도네시아는 해상 교류가 활발했던 곳이다. 중국 사서에는 서쪽의 인도, 남쪽의 인도네시아와 1세기경에 해상 교역을 했다는 기록이 남아 있다. 자와 섬, 수마트라 섬, 보르네오 섬 등 인도네시아 곳곳에서 3~7세기 것으로 추정되는 중국 도자기 등 공예품들이 발굴됐다. 중국인은 13세기 몽골이 침입했을 때도 건너오기는 했다. 그러나 인도네시아에 본격적으로 자리 잡으며 살기 시작한 건 15세기 이후다. 명나라 항해가 정허鄭和(정화)[5]가 이슬람교를 전파하기 위해 일부 선원들

---

5 중동계 이슬람 교도인 정허는 명나라 3대 황제 영락제의 명을 받고 조공국을 늘리기 위해 함대를 이끌고 동남아시아, 인도, 아라비아, 아프리카까지 원정을 갔다. 정허는 인도네시아의

을 보르네오 섬에 남기고 떠나면서 중국인 마을이 형성됐다.[6] 이후 중국에서 왕조가 교체되거나 내란이 벌어질 때마다 탈출한 이들이 꾸준히 넘어오면서 인도네시아 곳곳에 중국인 거주지가 늘었다. 현지인들과 동화된 중국인들도 있었지만, 대부분은 중국 관습을 고집하며 독자적인 공동체를 유지했다. 이것이 인도네시아 음식에 중국 색채가 강하게 남게 된 배경으로 보인다.

아랍 상인이 인도네시아 해안 지역에 드나들며 원주민과 거래를 한 증거는 7세기부터 나타난다.[7] 이들은 배를 타고 인도, 인도네시아, 인도차이나 반도, 중국을 거쳐 동아시아 끝자락의 신라까지 왕래했다. 당시 수마트라 섬 동남부 해안의 팔렘방Palembang 일대에는 불교 왕국 스리위자야Srivijaya가 건국됐는데, 이들은 중국, 인도, 아라비아, 페르시아 등 여러 나라와 교역했다. 산스크리트어로 '위대한 승리'나 '영광스런 정복'을 뜻하는 스리위자야는, 당나라와 송나라 문헌에 실리불서室利佛

자와 섬, 수마트라 섬, 보르네오 섬 등을 방문해 조공 관계를 맺었고 중국 문물을 전했다.

6 Dwi Surya Atmaja, Fachrurozi, «MALAY AND CHINESE INDONESIAN: A Fragile Relation in Northern Coast of West Kalimantan», IAIN Pontianak Press, 2018.

7 Rumadi, «Islamic Post-Traditionalism in Indonesia», Flipside Digital Content Company Inc., 2016.

逝, 삼불제三佛齊 등으로 기록됐다. 아랍에서는 스리부자 Sribuza, 인도에서는 수바라나드비파Suvaranadvipa(황금의 섬) 등으로 불렸다.[8]

해상 왕국 스리위자야는 13세기에 멸망했는데, 이후에도 아랍인의 인도네시아 방문과 체류는 꾸준히 이어졌다. 몽골군의 침략을 물리친 힌두계 마자파힛Majapahit 왕조[9]가 1292년 자와 섬 동부에 나라를 세워 주변을 장악했지만, 이미 이즈음 수마트라 섬 북부에는 작은 이슬람 왕국들이 존재했다. 처음엔 중개무역을 하는 소국이었는데, 15세기 초 후추 생산으로 부강해졌다. 앞 장에서 언급했듯이 향신료는 당시 전 세계 무역에서 최고 가치를 지닌 상품이었다.

이러한 '후추 왕국'들의 번성을 기점으로 이슬람교는 인도네시아 전역에 확산됐다. 마자파힛은 해상 무역에서 이슬람 왕국들에 밀려 쇠락하다 16세기 초에 사라졌다. 이로써 불교와 힌두교를 믿었던 인도네시아는 이슬

---

8 R. James Ferguson, Rosita Dellios, 《The Politics and Philosophy of Chinese Power: The Timeless and the Timely》, Lexington Books, 2016.

9 확실한 증거가 없는 탓에 역사학계에서 논란이 분분하지만, 마자파힛 왕조의 영역이(자와 섬, 수마트라 섬 등 인도네시아 제도 대부분은 물론, 말레이 반도와 필리핀 일부까지 포함한다) 오늘날 인도네시아의 근간이라는 주장이 있다.

람 국가로 변모했다. 후추가 가져온 승리다. 하지만 후추 생산은 인도네시아 역사에서 재앙의 시작이기도 했다. 아시아의 향신료는 대항해시대에 유럽 제국주의를 끌어들이는 발단이 됐다. 1511년 포르투갈이 말라카 왕국을 침략해 식민지로 삼았다. 말라카 왕국은 마자파힛 왕조의 공격을 피해 말레이 반도로 달아난 스리위자야 왕실의 후손이 1400년경에 건국했다고 전해지는 나라다. 인도네시아에 뿌리를 둔 이 왕국은 말라카 해협을 사이에 두고 말레이 반도와 수마트라 섬 동부 해안에 영토가 걸쳐 있었다. 따라서 말라카 왕국의 함락은 말레이시아와 인도네시아를 서양 제국주의 열강의 식민지 쟁탈전에 휘말리게 만드는 계기가 됐다.

그로부터 85년이 지난 1596년, 네덜란드 배가 인도네시아 반텐Banten[10]에 도착했다. 코르넬리스Cornelis와 프레데릭 더 하우트만Frederik de Houtman 형제의 탐험대(염탐꾼이나 약탈자라 하는 게 더 사실적이겠지만)였다. 이들은 자와 섬 해안선을 따라 동부까지 샅샅이 훑은 뒤 1597년 귀국했다. 배에는 후추 등 인도네시아산 향신료가 한가득 실려 있었다. 2년 전 4척의 배에 249명의 선원이 함께 암스테르담을 출발했지만, 돌아온 건 3척의 배

---

10 인도네시아 자와 섬 북서부 해안의 항구도시.

와 89명의 선원뿐이었다.

이처럼 피해가 막대했음에도 남는 장사였다고 한다. 인도네시아 후추가 워낙 귀한 대접을 받아서다. 이들이 떼돈을 벌었다는 소식이 알려지자 1598년 네덜란드의 5개 회사가 인도네시아로 22척의 배를 띄우며 향신료 무역에 달려들었다. 1599년에는 한 회사가 인도네시아산 향신료 수입 판매로 무려 400%의 이익을 내기도 했다.[11] 경쟁 심화를 우려한 네덜란드 의회가 무역 상사들에게 합병을 권고함에 따라 1602년, 네덜란드 동인도회사가 설립됐다. 이후 네덜란드 상인들은 포르투갈, 영국 등 경쟁자들과 인도네시아 지배권을 두고 각축전을 벌였다.

요즘은 휴양지로 인기 있는 말루쿠Maluku 제도의 점유 경쟁이 특히 치열했다. 이 일대 섬은 유럽에서 고가에 팔리던 정향과 육두구가 가득해 '향신료 제도Spice Islands'라고 불렸다. 대항해시대 상인들에게는 보물섬과 같은 곳이었다. 네덜란드 동인도회사는 1605년 말루쿠 제도의 중심지인 암본Ambon항을 포르투갈로부터 탈취하면서 세계 향신료 무역의 주도권을 잡았다. 이 기세를

---

11 M.C. Ricklefs, 《A History of Modern Indonesia Since C.1200》, Macmillan International Higher Education, 2008.

몰아 1619년엔 오늘날 인도네시아 수도가 된 자카르타 일대에 무역 거점 도시 바타비아Batavia를 세운다. 하지만 네덜란드 동인도회사의 인도네시아 통치 범위는 제한적이었다. 점령 지역이 자와 섬의 바타비아 주변과 동부 해안, 수마트라 섬 서부 해안, 말루쿠 제도 등 일부에 불과했고, 곳곳에 세워진 이슬람 왕국들과 공존했기 때문이다.

그런데 유럽에서 향신료 가치가 점점 떨어진다. 세계 무역의 대세 상품이 향신료에서 홍차와 커피로 넘어가자 인도네시아는 더 이상 황금알 낳는 거위가 되지 못했다. 그 와중에 네덜란드 동인도회사는 고질적인 비리와 방만 경영으로 도산한다. 이에 네덜란드 정부는 1800년 동인도회사를 국유화한 뒤 인도네시아에 대한 식민 지배에 본격적으로 나선다. 농민들에게 과중한 세금(약 40%)을 물리는 한편, 커피, 홍차, 담배, 설탕 등 새롭게 각광받는 열대작물의 플랜테이션 농장을 확대해 무역 손실을 메우려 한 것이다. 그러려면 넓은 땅과 노동력 착취가 필요했다. 결국 네덜란드는 무력을 동원해 인도네시아 전역을 직할 식민지로 삼는다.

첫 타깃이 된 자와 섬의 이슬람 왕국들은 강하게 반발했다. 왕족의 주도하에 각지에서 전란이 발생했고, 농민 등 피지배 계층도 이에 합세했다. 족자카르타Jogjakarta

의 디포느고로Diponegoro 왕자가 이끈 자와 섬 중부의 디포느고로 전쟁(1825~1830년)이 대표적이다. 원주민 반군은 치열하게 싸웠지만 총과 대포로 무장한 네덜란드군에 맞서기엔 역부족이었다. 5년간 약 20만 명의 희생자가 발생했다. 그런데도 반군이 게릴라전을 벌이며 뜻을 굽히지 않자, 네덜란드는 1830년 디포느고로 왕자에게 평화 협상을 제의한다. 그러고는 협상 장소로 찾아온 왕자를 붙잡아 자와 섬에서 멀리 떨어진 술라웨시Sulawesi 섬으로 유배를 보낸다. 지금도 독립전쟁의 영웅으로 추앙받는 왕자는, 유배지에 갇혀 25년을 더 살다가 쓸쓸히 죽었다. 구심점을 잃은 반군은 전의를 상실했다. 네덜란드는 그렇게 자와 섬을 장악한 뒤 수마트라 섬, 보르네오 섬 등 주변으로 제국주의 마수를 계속 뻗쳐나갔다. 식민 통치 자체도 비열한 역사지만, 그 목표를 달성하기까지의 과정은 더욱 비열했다.

네덜란드 식탁, 인도네시아 음식 '리스타펠'

1602년 네덜란드 동인도회사가 설립된 이래 인도네시아로 파견돼 장기간 주재하는 네덜란드 상관원들이 꾸준히 늘었다. 17세기 초만 해도 바타비아 성城의 회사 직원들은 군인이나 수도승처럼 엄격한 규율에 따라 생활

했다. 기상, 식사, 업무, 취침 시간 등이 전부 정해져 있었고, 외출도 정해진 일시에만 가능했다. 규칙을 위반하면 벌금을 물어야 했다.[12] 문제는 성생활이었다. 본국에서 워낙 멀고 험준한 곳이라 아내를 데려와서 함께 거주할 수 있는 자격은 간부들에게나 부여됐다. 혈기왕성한 남성 사원들은 칼뱅주의식 금욕을 강요받았지만, 오래가지 못했다.

원주민 여성들과 관계를 맺거나 아예 가정을 꾸린 네덜란드 남성들이 점점 늘면서 바타비아에는 유라시안 Eurasian 혼혈인이 급증했다. 네덜란드 정부가 인도네시아 전역을 식민지로 삼자 플랜테이션 농장주가 되기 위해 먼 바다를 건너오는 유럽인은 갈수록 늘었다. 이에 비례해 혼혈인 역시 더욱 증가했다. 백인이든 혼혈인이든 세대가 지나면서 상당수는 인도네시아 사람처럼 먹고 입으며 현지화된다. 본국 정부의 비호 아래 대농장의 주인이 된 네덜란드계 사람들은 원주민 노동력을 착취해 졸부가 됐다. 이들은 인도네시아 문화에 상당 부분 동화됐지만 동시에 네덜란드에 뿌리가 있고 경제적으로 윤택했기에 자신들만의 상류층 라이프 스타일을 형

---

12   松尾 大, ≪バタビアの都市空間と文学—近代インドネシア文学の
　　　起源≫, 大阪外国語大学学術出版委員会, 1997.

성해갔다.

음식도 그랬다. 현지 음식에 네덜란드 색깔을 가미한 퓨전의 인도더치Indo-Dutch 식문화가 탄생한다. 리스타펠rijsttafel이 대표적이다. 네덜란드어로 '밥rijst'과 '테이블tafel'을 뜻하는 단어를 연결한 것으로, '밥상'이란 뜻이다. 식민지의 네덜란드계 농장주들이 손님을 초대해 돈 자랑하려고 밥과 반찬을 한 상 가득 대접하던 식사에서 유래했다. 19세기 초부터 나타났는데, 수마트라 섬 파당의 주민들이 축제 때 여러 반찬을 펼쳐놓고 밥과 함께 먹는 나시 파당nasi padang(파당식 밥)에서 착안했다고 한다. 물론 리스타펠의 요리사는 졸부들의 저택 주방에서 일하는 인도네시아 원주민 여성들이었다. 네덜란드인들은 입맛이 개방적인 편이라, 현지인들이 자기들 방식대로 조리한 낯선 음식에도 잘 적응했다고 한다. 같은 쌀 문화권에 백반이 익숙한 한국은 '밥상'이 별로 낯설지 않은데, 당시 네덜란드 사람들에겐 무척이나 이국적으로 느껴졌는지, 리스타펠은 식민지 인도네시아의 상류층 사이에서 크게 유행했다.

리스타펠이 문헌상에 기록된 건 1854년 네덜란드의 인도네시아 요리책에 소개된 게 처음이다. 이후 1922년 네덜란드 요리사 카테니위스 판 데르메이던Catenius-van der Meijden이 리스타펠을 주제로 요리책을 발간하며 널리 알려진다. 인도네시아에서는 농장주들이 경쟁적으로 반찬 수를 늘리면서, 한때 리스타펠의 요리 가짓수는 40종류까지 늘어났다. 테이블 위에 가득 놓인 반찬도 부의 상징이었지만, 단정하게 맞춰 입은 유니폼 차림으로 커다란 반찬 그릇을 하나씩 손에 들고 줄지어 나오는 현지인 하인들의 수가 더 큰 자랑거리였다. 졸부의 속물근성과 과시욕은 시공을 초월하는 공통 특성인가 보다.

식민지 시절의 리스타펠은 커다란 바나나 잎 위에 올린 찐 밥을 테이블 한가운데에 놓고 그 주변으로 수십 가지 반찬 그릇들을 두어 뷔페처럼 각자가 양껏 덜어 먹는 방식이었다. 반찬을 만들 때엔 육류, 해산물, 채소 등의 식재료와 국, 튀김, 구이, 찜 등 다채로운 조리법이 총동원됐다. 비단 만드는 과정만이 아니라 색, 맛, 식감, 온도 등에서도 다양성을 갖춘 것이 특징이다. 가령 뜨거운 국물 요리가 있으면 찬 국물 요리도 함께 상에 오르는 식이다. 이런 식문화는 인도네시아 독립과 함께 네덜란드 식탁을 파고든다. 네덜란드계 백인, 유라시아 혼혈 인도더치 등 수십만 명이 인도네시아 독립운동 세력의 보복을 피해 네덜란드로 대거 이주하면서 리스타펠을 가져온 것이다.

리스타펠이 대중적으로 큰 사랑을 받자 네덜란드에서는 1997년 발리 출신 셰프인 로니 게룬간Lonny

5장 / 사테, 인도네시아에서 네덜란드로

보기만 해도 배부를 만큼 한 상 가득 차려내는 리스타펠. 흡사 한정식처럼
한 번에 다양한 요리를 즐길 수 있는 상차림이다.

Gerungan이 진행하는 TV 요리 프로그램 <데 리스타펄 De reistafel>이 방영되는 등 인도네시아 음식 붐이 일었다. 심지어 리스타펄은 2015년 네덜란드의 무형 문화유산에 등재되기에 이른다. 반면 정작 이 식문화가 탄생한 인도네시아에서는 식민 잔재라며 꺼린 탓에 거의 사라졌다. 외국인을 대상으로 한 호텔 레스토랑에서나 간혹 볼 수 있다. 그 대신 리스타펄의 기원으로 일컬어지는 나시 파당은 건재하다. 시장에 가면 각종 전통 요리들이 수북하게 담긴 커다란 반찬통들을 내놓고 장사하는 가게들을 볼 수 있다.

앞서 말한 것처럼 네덜란드에는 인도네시아 식당이 전국 곳곳에 있고, 그중엔 리스타펄을 파는 레스토랑도 많다. 제국주의 시대에 비하면 반찬 가짓수는 줄어서 15~20종이 일반적이다. 가격을 낮추는 대신 반찬을 대여섯 가지로 간소화한 리스타펄도 있다. 주로 가도가도, 렌당, 룸피아 고렝lumpia goreng(춘권), 아얌 루작ajam roedjak[13] 등이 포함되는데, 특히 사테는 빠지지 않는 주요 반찬이다. 불향이 가득한 사테를 땅콩, 코코넛 밀크, 간장 등으로 만든 사테 소스에 푹 찍어 먹으면 짭짤하고 고소해 찐 밥과 잘 어울린다.

---

13 고추와 코코넛 크림 등으로 조리한 닭고기 조림.

나시 파당을 내놓는 식당 모습.

네덜란드인들의 입맛을 제대로 저격한 사테는, 리스타펠 구성품이 아닌 개별 메뉴로도 팔리게 된다. 사테 아얌이 대표적인데, 네덜란드에서는 '닭고기kip 사테'를 뜻하는 킵사테kipsaté로 불린다. 킵사테는 인도네시아 식당이 아닌 일반 술집 메뉴에도 단골로 오른다. 네덜란드의 대표 간식인 프리츠frites(감자튀김) 전문점들 역시 킵사테를 곁들여 파는 곳이 많다. 이런 곳에서는 사테에 밥 대신 프리츠나 샐러드를 곁들여, 사테 소스와 마요네즈를 함께 낸다. 사테 소스를 꼬치 위에 듬뿍 끼얹어주기도 한다. 가정에서도 즐겨 먹는다. 네덜란드인 입맛에 맞도록 양념한 킵사테는 레토르트 식품으로 많이 나와 있다. 요즘은 마트나 온라인 마켓에서 구입해 싼값으로 편하게 즐긴다.

특히 땅콩버터가 들어간 사테 소스는, 네덜란드의 만능 양념이 됐다. 사테 말고도 여러 현지 음식의 맛을 내는 데에 활용되는 것이다. 길거리 음식인 파탓 오를로흐patat oorlog[14]가 그중 하나다. 파탓 오를로흐는 재밌게도 '감자튀김 전쟁'이라는 뜻이다. 감자튀김 위에 온갖 토핑이 무질서하게 올라간 모양새가 꼭 전쟁을 치르는 것

---

14 네덜란드 북부에선 파탓 오를로흐라 부르고, 남부에선 프리츠 오를로흐라 한다.

파탓 오를로흐. 이렇게 콘 아이스크림처럼 원뿔 모양 포장지에 담아
내주기도 하고, 플라스틱 접시에 담아 내주기도 한다.

같다고 하여 붙여진 이름이라 한다. 네덜란드 여행자들의 사진 속에 곧잘 등장하는 음식인데, 두툼한 감자튀김에 사테 소스, 커리 소스, 마요네즈, 다진 양파 등이 얹어져 있다. 네덜란드식 크로켓인 사테크로켓satékroket 역시 사테 소스로 고소한 땅콩 맛을 부각시킨 음식이다. 이를 빵 사이에 끼워 넣어 핫도그처럼 먹곤 한다. 케첩이나 마요네즈처럼 가정용으로 상품화된 사테 소스 역시 네덜란드 슈퍼마켓 진열대에 즐비하다.

오바마의 '사테의 추억'

정치인과 연예인. 완전히 다른 직업 같지만 비슷한 점이 있다. 둘 다 매스컴에 계속 이름이 오르내려야 직업 생명이 길다. '무플보다 악플이 낫다'고 할 정도로 관심을 먹고 사는 사람들이다. 실제 모습이 어떠하든, 매체를 통해 보이는 이미지가 중요한 점도 흡사하다. 연예계에선 소속사가 전략적으로 밀어준 덕택에 별 매력이 없는 신인이 스타로 뜨는 경우를 종종 본다. 마찬가지로 국정을 운영할 지식과 경험은 부족하지만 연줄로 한자리 꿰찬 정치인을 선거 때마다 보게 된다. 가수는 가창력, 배우는 연기력으로 대중의 사랑을 얻을 것 같아도, 실은 생김새나 캐릭터 같은 요인이 인기 비결인 경우가 부지

기수다. 정치인 역시 실제 능력보다 카리스마 있는 외모와 화려한 말재간을 앞세워 대중의 마음을 사로잡는 부류가 많다. 그래서 본론이 뭐냐고? 정치인에게 명연설과 달변은 표심으로 직결되는 최고의 무기라는 점, 그리고 그런 점을 가졌던 인물 중 사테를 각별히 좋아한 정치인의 이야기를 하고자 한다.

바로 미국 44대 대통령이자 최초의 흑인 대통령인 버락 오바마다. 그는 대통령이 되기 전까지 상원 의원이기는 했지만 당내 입지가 약했다. 주류가 아니었다. 정치 신인이나 다름없었는데도 2008년 미국 민주당 대선 후보 경선에서 힐러리 클린턴이라는 거물을 꺾고 대선에 나간다. 유세 때마다 남다른 연설로 화제를 모아 돌풍을 일으킨 것이다. 오바마는 'Yes, We Can(그래, 우린 할 수 있어)'이라는 진취적인 슬로건을 부르짖으며 공화당의 노련한 경쟁자 존 매케인과의 대결에서 승리해 대통령에 당선됐다.

오바마의 연설문은 세계 각국에서 책으로 꾸준히 출간될 정도로 각광받는다. 정치인의 연설문은 정치 철학을 잘 반영하는 것이 가장 중요한데, 이 원재료에 연설문 작가의 표현력 등 글재주가 양념을 더한다. 여기까지는 원고의 영역이다. 오바마의 연설 실력은 원고를 뛰어넘는다. 외모, 표정, 발성, 몸짓 등 타고난 역량은 물론이고, 분위기를 주도하는 쇼맨십까지 탁월하다. 2011년 애리조나 총기 난사 사건의 피해자들을 위한 추모 연설 당시 전 세계적으로 화제가 된 '51초 침묵'이 대표적인 사례다. 이처럼 글재주와 말재주가 뭉쳤으니 명연설이 나오는 게 당연하다.

그런 오바마가 2010년 11월 인도네시아를 방문했을 때, 또 한 번 쇼맨십이 돋보이는 화술로 현지인들의 뜨거운 환호를 받은 적이 있다. 인도네시아 대학에서 연설하던 중 어린 시절 자카르타에서 먹은 추억의 음식들을 소개하며 "사테!"라고 외친 것이다. 노점상의 호객 행위를 흉내 낸 것이었다.

우리 가족은 작은 집에서 살았습니다. 집 앞에는 망고나무가 있었죠. 저는 인도네시아에 대해 많은 걸 배웠습니다. 연날리기를 하고, 논두렁을 뛰어다니고, 잠자리를 잡고, 노점상에서 사테와 박소bakso(인도네시아식 미트볼)를 사 먹으면서 말이죠. 아직도 그 노점상이 외치던 소리가 기억이 납니다. 사테! 그게 기억이 납니다. 박소!

하와이가 고향인 오바마는, 여섯 살이던 1967년부터 4년간을 인도네시아에서 보냈다. 그의 어머니 앤 던햄

Ann Dunham은 자유주의를 신봉한 히피 백인으로 하와이에서 대학을 다니던 중 케냐에서 온 흑인 유학생과 결혼해 오바마를 낳았다. 이후 이혼하고 인도네시아 유학생과 재혼해 자카르타로 이주했다. 이처럼 남다른 인연으로 엮인 나라인지라, 오바마는 평소에도 인도네시아에 각별한 애정을 드러내곤 했다. 이날도 인도네시아어를 여러 차례 섞어가며 연설해 갈채를 받았는데, 특히 "사테!"와 "박소!" 부분에서 청중들의 환호성이 터졌다.

음식은 사람들이 공감하기 쉬운 소재다. 이 점을 열심히 활용하는 것이 바로 정치인이다. 서민과 교감하는 모습을 보여주기 위해 선거철이면 방송사 카메라를 대동하고 시장에 가서 떡볶이며 튀김이며 저렴한 길거리 음식을 참 맛있게도 먹는다. 선호하는 메뉴로는 국밥이나 칼국수 같은 서민 음식을 꼽는다. 값비싼 한우 갈비나 로브스터를 좋아한다는 정치인을 본 적이 있는가? 뒤에서야 온갖 호사를 누려도 대중의 눈앞에선 만만한 음식들만 입에 넣는다. 그래야 유권자의 대다수를 차지하는 보통 사람들이 '저런 양반도 우리네랑 입맛이 똑같네?'라며 동질감과 친근감을 느끼게 마련이고, 한 표라도 더 받게 마련이니까.

오바마가 인도네시아 대통령은 아니지만, 사테 연설로 현지인들을 반색하게 만든 것도 비슷한 맥락이다. 전

임자인 조지 W. 부시는 중동을 상대로 무리한 대테러전을 벌여 이슬람권을 적으로 돌렸다. 세계에서 가장 많은 무슬림 인구를 보유한 인도네시아로서는 미국이 곱게 보일 리 없었다. 이런 상황에서 중국이 2013년 일대일로一帶一路[15] 전략을 펼치며 아시아와 아프리카에서 세력을 확대하자, 오바마 행정부는 이란과 핵 협정을 이뤄내는 등 아시아 중심Pivot to Asia 외교로 맞불을 놓아 견제에 나섰다. 아세안ASEAN에서 인구로든 경제 규모로든 최대 국가인 인도네시아와의 관계 역시, 대통령의 인연을 앞세워 공고히 다질 필요가 있었다. 인도네시아의 국민 음식인 사테는 세월이 한참 지난 지금도 저렴한 길거리 음식의 대명사다. 세계 최강의 권력자인 미국 대통령의 사테 장수 흉내는, 인도네시아인들의 반미 감정을 달래고 친근감을 불러일으켜 양국 관계를 개선시키는 장치로 톡톡히 역할을 해냈다.

인도네시아에서 보낸 유년기도 그렇지만, 오바마는 흑인, 히피, 하와이 등 다문화와 마이너리티 배경의 인권 변호사 출신이다. 이를 반영해 정치인으로서 '약자의

---

15 세계 2위 경제대국으로 부상한 중국이 막강한 자금력을 내세워 고대 동서양의 육상 및 해상 실크로드를 현대판 교통망으로 다시 구축해 주변국가와의 경제 및 무역 합작 확대의 길을 연다는 프로젝트.

편' 이미지를 열심히 구축했고 그게 '약자'가 대부분인 유권자들에게 먹혔다. 그런데 막상 대통령이 된 이후 오바마의 실제 정책이나 사생활은 이미지와 사뭇 다른 점이 많았다. 2013년 불거진 스노든 사태,[16] 기득권 폐해에 대한 소극적 태도 등은 미국 내 지지자들에게 실망을 안겼다. 중동에선 시리아 내전, IS의 득세 등 엉망진창의 안보 상황을 초래하면서 미군을 끊임없이 파병해 전쟁을 반복했다. 편향적이고 노골적인 친일 행보로 제국주의가 할퀴어놓은 한국인의 상처에 소금을 뿌렸다. 그래도 과過보다 공功이 좀 더 부각돼 보이는 건, 미국을 '세계의 경찰'에서 '세계의 양아치'로 전락시킨 후임 장사치 대통령의 기괴한 행보 덕을 보는 면이 없지 않다.

그렇다고 해서 사테를 그리워한 오바마의 서민적 입맛이 거짓이었던 건 아니다. 대통령직에서 물러난 그는 2017년 6~7월 인도네시아에서 열흘간 여름휴가를 보냈다. 머무는 동안 오바마가 먹은 인도네시아 음식들을 현지 언론이 정리해 보도했는데, 거기에는 사테도 포함되어 있었다. 네덜란드 제국주의 식민지 시대에, 네덜란드인 총독의 지원을 받아, 네덜란드 식물학자들이 조성

---

16 미국 중앙정보국(CIA)와 국가안보국(NSA)에서 일한 에드워드 스노든Edward Snowden이 오바마 행정부에서 자행된 해킹, 도청 등 무차별적 개인정보 수집을 고발한 사건.

한 보고르Bogor 식물원[17] 안의 고급 음식점에서, 조코 위
도도Joko Widodo 인도네시아 대통령과 함께 사테를 먹었
다고 한다. 추억의 맛으로 회상하던 길거리 노점상 사테
에 비하면, 곱절이나 비싼 럭셔리 사테였다.

---

17 자카르타에서 남쪽으로 60킬로미터 떨어진 산악지대에 위치
    한 도시 보고르에 있다. 보고르는 네덜란드 동인도회사 시절
    에 건설된 도시이다. 자카르타에 비하면 기후가 서늘한 편이
    라 식민지 시대에 네덜란드 총독의 별장인 보고르 궁이 세워
    졌다. 현재 이 건물은 인도네시아 대통령의 별궁으로 쓰인다.
    보고르 식물원은 1817년 조성됐으며 1만 5,000여 종의 식물
    이 자란다.

명란젓,
한국에서
일본으로

2001년 9월, 일본 동부 지역을 여행할 때의 일이다. 일본인 친구 여러 명과 요코하마橫浜의 시내를 둘러보다 저녁때가 되어 다 같이 한 쇼핑몰 식당에 들어갔다. 햄버그스테이크, 오므라이스 등 일본풍의 퓨전 양식을 파는 패밀리 레스토랑이었다. 관광객인 내가 이것저것 고루 맛볼 수 있도록 다양한 메뉴를 주문해 나눠 먹기로 하고, 주문은 현지인들에게 일임했다. 얼마 지나지 않아 음식이 줄줄이 나오는데, 그중에 난생처음 보는 모양새의 파스타가 있었다. 연분홍빛의 작은 알갱이와 면이 뒤섞인 파스타였다. 신기하게도 가늘게 썬 김이 잔치국수 고명처럼 올라가 있었다. 덜어서 한 입 먹어보니 짭짤하면서도 감칠맛이 진했다. 낯선 음식인데도 구미가 당겨 자꾸 손이 갔다.

"뭐야, 이건? 진짜 맛있어."

"아, 그거 멘타이코 스파게티야."

"멘타이코 스파게티? 이런 건 처음 먹어봐. 스파게티에 김이 들어간다니! 한국의 이탈리아 레스토랑에선 본

적이 없는데."

"이탈리아 요리가 아니니까. 일본풍 스파게티야. 일본
요리지."

"이 짠맛 나는 알 같은 건 뭐야?"

"그게 멘타이코야. 뭐라고 설명하면 좋을까……. 이를
테면 생선 알의 시오즈케塩漬け(소금 절임) 같은 거야. 그
래서 짜."

이런 대화를 친구들과 주고받은 뒤, 나는 남은 멘타이
코 스파게티를 먹는 데 집중했다. 결국 하나 더 주문했
고, 그것도 외국인 관광객 우대 차원에서 거의 내 차지
가 됐다. 식사를 마친 뒤에는 요코하마에 살고 있던 한
친구의 자취방에서 술을 마시기로 했다. 그날 내가 하룻
밤 신세를 질 곳이었다. 친구들과 마트에서 캔맥주와 안
줏거리를 고르고 있을 때였다.

"저거야. 아까 네가 먹은 스파게티에 들어간 멘타이
코."

냉장 코너를 지날 때 한 친구가 진열대를 가리키며 말
했다. 포장지에 커다랗게 '明太子(명태자)'라는 글자가
박힌 상품들이 놓여 있었다. 그런데 비닐 포장 너머로
보이는 붉은빛 멘타이코의 길쭉하고 둥그스름한 모양
새가 영 낯설지 않다. 바로 명란젓이었다. 한국의 명란
젓이 일본 마트에서는 '멘타이코'라는 이름으로 팔리고

있었던 것이다. 꼭 외국에서 고향 친구를 우연히 만난 것처럼 반가웠다.

"아, 이거 명란젓이네!"

"몬난좃? (당시 친구의 일본식 발음이 뇌리에 강렬하게 박혔다……) 한국에서 멘타이코를 '몬난좃'이라고 불러?"

"응, 명란젓. 이거 한국 전통음식이야. 우리 집에서도 반찬으로 가끔 사 먹어."

"한국 음식이라고? 아닌데, 멘타이코는 후쿠오카福岡 토산품이야. 여기 봐봐, '하카타博多[1] 명산'이라고 적혀 있잖아."

과연 친구가 말한 대로 명란젓 포장지에는 원산지가 하카타로 기재되어 있었다.

"음, 그렇게 적혀 있긴 한데 명란젓은 한국 식품이 맞아. 해산물을 소금에 절인 전통음식이 한국엔 엄청 많거든. 생선, 새우, 멸치, 조개, 오징어 다 그렇게 만들어. 젓갈이라고 하지."

"좃까루? (다시 강조하지만, 발음을 옮긴 것뿐이다) 한국의 '좃까루'가 일본의 시오즈케 같은 건가? 하긴 멘타

---

1 후쿠오카시로 통합되기 전에 존재했던 항구 지역의 지명. 현재는 후쿠오카시의 하카타구 행정 구역 명칭으로 남아 있다.

이코에도 고춧가루가 들어간 게 한국 요리랑 비슷하긴 하네."

　말은 그렇게 하면서도, 그를 비롯해 다른 일본인 친구들의 표정에는 의아함이 가득했다. 나 역시 확실한 배경지식이 있는 건 아니어서 더 이상 할 말이 없었다. 스마트폰이라도 있었다면 검색 한 번으로 간단히 해결될 의문이었지만, 그런 시절이 아니었다. 명란젓의 고향을 둘러싼 한일 간 막간 토론은 그렇게 싱겁게 끝나버렸다. 어쨌든 친구 집에 들어가서는 마트에서 산 어마어마한 양의 캔맥주를 마시고 다들 취해서 명란젓 얘기 같은 건 전부 잊어버렸다. 한국의 명란젓이 일제강점기에 대한해협을 건너 일본에서 '멘타이코'로 알려지기까지의 사연은, 그로부터 세월이 한참 지난 뒤에야 알게 됐다.

신성한 명태, 비천한 명란

명란젓은 명태明太의 알인 명란明卵으로 담근 젓갈이다. 부모가 있어야 자식이 존재하듯, 명태가 있어야 명란도 존재한다. 그러니 명란을 논하려면 명란의 부모인 명태 이야기를 하지 않을 수 없다. 명태는 대구과에 속한 생선으로, 대구에 비하면 몸체가 가늘고 길이도 짧은 편이다. 찬 바다에 서식하는 물고기답게 살이 찰지다. 시베리아 동쪽 바다인 오호츠크해와 베링해, 알래스카 인근 해역에 걸친 북태평양의 북방에 주로 서식한다. 한반도에서는 겨울철 매서운 찬바람에 동해 수온이 떨어질 무렵 주로 함경도 근해에서 많이 잡혔다. 함경도 수준까지는 못 미쳐도 원산, 고성, 속초 등 강원도 북부 연안에도 명태 어장이 형성됐다. 이처럼 북쪽에서 내려오는, 북쪽에서 많이 잡히는 생선이라 하여 '북어北魚'라 불리기도 했는데 이 명칭은 말린 명태를 가리키는 말로 변모됐다. 과거에는 동해 북쪽 바다에 명태가 흔했지만, 해수면 온도 상승과 무분별한 남획의 여파로 오늘날에는 거의 사라졌다. 우리 식탁 위에 오르는 명태는 러시아산이 대부분이다.

명태가 한반도 문헌에 등장한 시기는 조선 건국 이후다. 1530년 완성된 《신증동국여지승람新增東國輿地勝覽》[2]에 '무태어無泰魚'라고 기록된 것이 최초다. 함경도 경성鏡城과 명천明川의 토산물로 소개됐다. 지금도 무태어는 국어사전에 명태의 동의어로 나오며 '명태의 함경도 방언' 등으로 풀이된다. '명태'라는 이름으로는 1652년 《승정원일기承政院日記》에 처음 나오는데, 명태와 명란 입장에서는 별로 유쾌하지 않은 내용이다. 강원도에서

2　1481년 간행된 지리지 《동국여지승람》의 증보판.

6장 / 명란젓, 한국에서 일본으로

고성 바닷가. 과거에는 고성을 비롯해 강원도 여러 지역에서 명태가
잡혔지만, 이제는 거의 씨가 말랐다.

왕에게 바치는 특산물인 대구 어란魚卵에 명태 어란, 즉 명란을 섞은 불량품을 보냈으니 책임을 물어야 한다는 것이다. 대구의 알은 왕실 식탁에 오를 정도로 귀한 대접을 받았지만, 그와 비슷한 명란(대구 알보다 크기가 작다)은 싸구려 유사품 취급을 당했다는 사실을 엿볼 수 있는 대목이다.

설명을 덧붙이자면, 당시 조신에서는 각 지방 특산물을 세금으로 바치는 공납이 사회적으로 큰 문제였다. 두 차례의 왜란으로 나라 전체가 쑥대밭이 된 마당에, 지역 주민들에게 토산품 생산량을 강제로 할당하니 민생은 엉망진창이었다. 전란의 복구도 제대로 이뤄지지 않았는데, 설상가상으로 흉년까지 잇따르면서 특산물 부족 사태는 갈수록 심각해졌다. 백성들은 급한 대로 지방 관리나 중간 상인들에게 토산품을 사들여서 할당량을 채워 화를 면했다. 대신 수확철마다 쌀로 막대한 이자를 지불해야 했는데, 이것이 방납防納 제도다. 그러니까 대다수 양민들이 감당하기 어려울 만큼의 세금을 내기 위해 고금리 대출을 받고 평생 그 이자를 갚느라 빈곤에 허덕이는 시스템이었다.

이런 폐단을 막겠다며 1608년 대동법大同法[3]이 경기도

---

3 지방 특산물을 쌀로 통일해 바치게 한 납세 제도.

에 시범적으로 도입됐다. 하지만 백성이야 굶어 죽든 말든 제 뱃속 챙기기에만 혈안이었던 조선의 기득권 세력이 이를 가만둘 리 없었다. 양반은 공납 의무에서 제외돼 있었지만 토지세는 납부했다. 대동법은 특산물 대신 토지 결수에 따라 쌀로 세금을 통일하는 방식이었으니, 땅을 많이 가진 부자 양반들은 세 부담이 늘어날 수밖에 없었다. 결국 노론 등 사대부들의 맹렬한 반대에 부딪혀, 이 법이 다른 지역으로 확대(평안도와 함경도는 끝까지 제외) 시행되기까지는 무려 100여 년이 더 걸렸다.

또한 대동법이 적용된 지역이라 해도 별공別貢이니 진상進上이니 하는 명목으로 특산물을 꼬박꼬박 챙겨 받는 경우가 적지 않았다. 강원도에선 1623년 대동법이 시행됐는데, 30여 년 후에 작성된 《승정원일기》에 '진상품 명란 혼입 소동'이 기록된 사실만 봐도 이를 알 수 있다. 국가 지도층이라면 모름지기 부국강병을 추구해서 국민에게 윤택하고 안전한 삶의 터전을 마련해줘야 하건만, 그런 대의에는 무관심한 채 그저 자기 이익에만 눈이 벌게 대구 알이니 명란이니 따지던 게 원조 '헬조선'의 상전들이었다.

명란은 이처럼 대구 알에 밀려 홀대를 당했는데, 명태는 조선 사람들에게 신성한 생물로 대우받았다. 명태를 덕장에 매달아 겨울바람에 얼리고 녹이며 바싹 말리면 북어가 된다. 이 북어가 제사상에 올랐다. 신분이 높아진 것이다. 가부장제 유교국가인 조선에서 조상신을 섬기고 모시는 제사는 4대 의례 행사인 관혼상제 중 하나로 생활의 중요한 부분을 차지했다. 신분이 낮은 사람들도 부모의 제사는 챙겼는데, 당시만 해도 구하기 쉽고 저렴하면서 상하지도 않는 북어를 제수용 식품의 최우선순위로 선호했다. 그렇다면 왜 하필 다양한 건어물 중에서 북어가 제사에 쓸 식재료로 선택된 것일까? 여기엔 단지 어획량이 많아 흔하다는 이유만 작용한 건 아니었다.

이에 대해서는 〈명태와 관련된 민속과 속담〉이라는 논문[4]에 상세히 설명되어 있다. 이 논문은 흥미롭게도 북어의 험상궂은 외모에 주목한다. 북어는 건조 과정에서 부릅뜬 눈과 벌어진 입이 더욱 도드라진다. 한국의 민속신앙에선 이런 위협적인 외모가 사악한 것을 쫓아내는 액막이 역할을 한다고 여겼다. 그래서 제사상뿐 아니라 고사나 전통가옥의 상량식 등 각종 액막이 행사에 제물로 북어를 쓴다는 것이다. 불교 사찰 입구에 눈을 부리부리하게 뜬 무서운 표정의 사천왕을 수호신으로

4　전지혜, 〈명태와 관련된 민속과 속담〉, 부경대학교 해양문화연구소, 《조선시대 해양환경과 명태》, 국학자료원, 2009.

세워두는 것과 같은 이치다.

아울러 명태가 알을 많이 품는 어종인 점도 이유로 꼽는다. 일손이 많을수록 유리한 농경사회에서 다산多産은 곧 다복多福을 상징했다. 이와 함께 천신天神에게 제물로 바치는 생물은 어느 한 군데도 함부로 버리지 않는 한국 민속신앙의 불문율 역시 명태의 특징에 딱 맞는다고 한다. 과연 명태는 생선살은 물론 알과 내장(창난젓), 아가미(아가미젓)까지 모조리 먹는 생선이다. 몸의 모든 부위를 식품으로 활용한다는 점에서는 돼지와 공통점이 있다. 돼지도 고사상의 단골 음식이다.

조선 팔도에서 북어 소비가 급격히 늘어난 건 상업과 유통이 발달한 18세기 이후다. 이 무렵 명태 어장에 인접한 함경도 덕원德源의 시장인 원산장元山場은 북어 생산 및 유통의 메카가 되어 조선을 대표하는 상업 중심지로 부상했다. 북어를 사기 위해 각지의 상인들이 모여들었고, 그 상인들이 각지의 물자를 가져오면서 이 일대는 번영을 누렸다. 급기야 북어는 쌀처럼 화폐 역할을 했다. 기복신앙의 제물인 명태는 실로 부귀영화를 불러들이는 영험한 생물이었던 모양이다. 그런데 명태를 덕장에서 북어로 건조시키려면 우선 배부터 갈라 그 속의 명란이나 내장부터 깨끗이 발라내야 한다. 그러니 함경도나 강원도의 어촌에서는 버려지는 부속물 양이 어마어

6장 / 명란젓, 한국에서 일본으로

양양 바닷가의 작은 덕장에서 해풍에 명태와 가오리를 말리고 있다.
예전에는 겨울철이면 동해안에서 명태를 잡아들였으나, 요즘에는
러시아산 명태를 수입해 강원도에서 말려 북어를 만든다.

마했을 것이다. 가난한 어민들은 이를 그냥 버리지 않고 염장해서 저장식품으로 활용했다.

어패류를 소금에 절여 발효시킨 젓갈은 삼국시대부터 먹은 것으로 기록돼 있다. 조선 중기 이후에는 반찬뿐 아니라 음식 조미료로도 많이 쓰였으며, 조선 후기에 이르면 김장을 담글 때 소금을 대신하는 재료로 들어간다. 이처럼 젓갈 문화가 발달하고 명태 부속물 공급량까지 늘어났으니 명란젓, 창난젓 같은 식품이 발달한 건 자연스런 결과였다. 명란의 가공식품인 명란젓이 최초로 기록된 문헌은 실학자 이규경이 19세기 중엽에 쓴 《오주연문장전산고五洲衍文長箋散稿》[5]다. 이 책에 명태와 북어에 관한 내용이 소개되어 있는데, 그중 "젓갈로 담근 난해卵醢는 명란이라 일컫는다"라는 문장이 나온다.[6]

신성한 북어를 만들면서 버려지는 부속물로 만든 비천한 명란젓은, 조선의 어촌 주민들에게 짭조름한 밥도둑 겸 단백질 공급원이 돼주었다. 고춧가루와 마늘을 넣어 칼칼한 맛을 내니 별미이기도 했다. 그 독특한 풍미

---

5 조선 제24대 왕 헌종 재위 시대에 오주五洲 이규경이 한반도, 중국 등의 각종 사물에 대해 쓴, 일종의 백과사전이다. 천문, 시령時令, 지리, 풍속, 관직, 궁실, 음식, 금수禽獸 등 다양한 소재를 대상으로 하고 있으며 총 60권이 남아 전해진다.

6 주영하, 《식탁 위의 한국사: 메뉴로 본 20세기 한국 음식문화사》, 휴머니스트, 2013.

에 반해 1907년 강원도 양양에서 명란젓을 최초로 상품화한 사람이 있었다. 일본인 히구치 이즈하樋口伊都羽다.

일제 치하에서 '맛의 한류' 일으킨 조선 명란젓

히구치 이즈하는 1872년 일본 도쿄에서 태어났다. 그런 그가 35년 뒤 어쩌다 강원도 양양에서 명란젓 장사를 하게 됐을까? 그 과정에는 한일 양국 근대사의 굵직굵직한 사건들이 고스란히 관련되어 있다.

히구치의 부친은 메이지 유신(1868년) 과정에서 에도 막부의 편에 섰던 아이즈会津번[7]의 무사였다. 그의 집안은 보신戊辰 전쟁(1868~1869년)[8]에서 패한 뒤 몰락해 1870년 도쿄로 이주했다. 권력을 쟁취한 유신 정부의 각료와 귀족은, 히구치 집안과 같은 옛 에도 막부의 신하와 무사 계급 189만여 명에게 1872년 '시조쿠士族'라는 새로운 신분을 부여했다. 3등 시민의 자격을 줘서 자신들보다 세력을 약화시키는 한편, 평민에 비하면 그래도 우월하다고 느끼게 해 불만을 누그러뜨리려 한 것이다. 그러고는 봉건적 제도의 개혁을 명목으로 시조쿠의 경

---

7 오늘날의 후쿠시마현 서부 일대.
8 일본의 권력을 두고 메이지 정부와 에도 막부 사이에 발생한 전쟁.

제적 특권을 하나둘 박탈해간다. 이에 점점 생계가 곤란해진 시조쿠들은 생업 전선에 뛰어든다. 도시에서는 주로 팥죽이나 과자를 파는 장사꾼이 됐고, 시골에서는 농사를 지었다.

하지만 평생 칼만 휘두르며 살던 무사들이 갑자기 다른 일을 해서 돈을 번다는 게 그리 쉬울 리 없었다. 특히 상인으로 전직한 시조쿠들은 셈에도 약하고 서비스 정신도 부족해 경쟁력이 한참 떨어졌다. 가게를 차렸다가 무사 시절에 물려받고 모은 전 재산을 깡그리 날리고 패가망신하는 경우가 수두룩했는데, 이러한 세태를 조롱하는 '시조쿠의 상법士族の商法'이라는 말까지 생겼을 정도다. 히구치의 집안도 그랬던지, 무사의 아들인 히구치 이즈하는 25세가 된 1897년 가난에서 벗어나겠다며 고국을 등지고 조선으로 이주한다. 처음엔 일본 경찰에서 일했는데, 얼마 후 생뚱맞게 어업으로 전직한다.[9] 당시 한반도 해역에서 큰돈을 번 일본 수산업자들이 많았기 때문으로 보인다.

구한말에 일본인들이 왜 조선까지 와서 수산업으로 먹고살았을까? 한일 강제 병합은 1910년의 일이지만,

---

9 今西一 외 1명, 《明太子開発史: そのルーツを探る》, 成山堂書店, 2008.

이미 그보다 한참 전인 1876년에 조선은 일본과 강화도 조약을 체결하며 경제권의 상당 부분을 넘겨줬다. 이후 1883년 조일통상장정朝日通商章程, 1889년 조일통어장정 朝日通漁章程을 잇따라 맺으면서 일본인들이 조선의 전라도, 경상도, 강원도, 함경도 해안에 머물며 어업 행위를 할 수 있도록 허용한다. 일본 수산업자들이 한반도 3면 바다의 주요 어장을 이용하도록 내준 것이니 사실상 경제 침탈을 합법화하는 조치였다. 일본 어부들은 발달된 어선과 어구를 내세워 한국 어장을 빠르게 잠식해갔다. 이에 일확천금을 꿈꾸며 조선으로 이주하는 일본 어업 종사자는 계속 늘었다. 재래식 어업을 하던 한국 어부들은 기술에서 밀려 점차 일본인에게 고용된 저임금 노동자로 전락했다. 이 과정에서 한일 어업 종사자들 간에 마찰이 불거져 살인, 폭력 사건이 잇따르기도 했다.[10]

---

10 1901년 1월 강원도 고성의 아야진에서는 부산에서 배를 타고 온 선원들이 일본인들과 술을 마시다 싸움이 벌어져 한국인 선원 이춘만이 칼로 살해당하는 사건이 발생했다. 1902년 5월 부산에선 일본인 뱃사람 아라오 야스조가 한국인 부녀자를 성희롱하다 마을 사람들에게 돌을 맞고 숨진 사건이 있었다. 이 밖에도 전라도 고흥 첨도에서 어망 매매 가격을 흥정하다 시비가 벌어져 조선인이 일본 히로시마 출신 뱃사람 가와모토 마쓰지로를 바닷물에 빠뜨려 살해하는 등 각지에서 어업 종사자 관련 살인, 폭력 사건이 이어졌다. 특히 일본인 뱃사람들이 일본 풍습대로 옷을 벗은 채 마을을 돌아다던

1905년 을사조약 체결 뒤엔 한반도의 모든 산업 분야에서 일제의 식민지화가 더욱 노골적으로 이루어진다. 1908년 발표한 한국 어업법도 그중 하나인데, 이 조치로 한국의 모든 어장이 일본 어업자들에게 완전히 개방됐다. 아울러 한국 내에서 일본 수산업자의 이주와 일본인 어촌 조성이 추진된다.[11] 이런 와중에 원산(당시 함경도)에서 명태 어업을 하던 히구치 이즈하는, 북어 제조 과정에서 버려지는 명란으로 한국 어민들이 만들어 먹던 젓갈을 맛보게 된다. 그는 곧 이 짭조름하면서 매콤한 젓갈에 빠져버린다. 돈벌이에 밝은 일본인답게 히구치 이즈하는 먹고 즐기는 수준에서 나아가 명란젓의 상품화를 모색했다. 1907년 강원도 양양에 히구치 상점을 연 그는, '명태의 알'이라는 뜻으로 '멘타이코'란 상품명을 붙여서 고춧가루와 소금으로 절인 명란젓 판매를 시작했다.

멘타이코는 잘 팔렸다. 이런저런 수산물을 취급했던 히구치 상점은, 주력 상품을 명란젓으로 정하고 1908년 일본인 상가가 밀집한 부산 부평동으로 가게를 이전한

게 큰 갈등 원인이 되어, 조선인과 일본인 사이에 '옷을 벗지 말 것'을 조항으로 넣은 서약서까지 체결할 정도였다.

11 다케쿠니 도모야스, 《한일 피시로드, 홍남에서 교토까지》, 오근영 옮김, 따비, 2014.

다. 일제가 한반도의 효율적 수탈과 중국 대륙 침략을 위해 부산을 중심으로 교통 인프라를 구축한 점에 주목한 것이다.[12] 히구치의 예상대로 부산은 금세 한일 교통의 요지로 부상했다. 간후關釜연락선 대기실 기념품 가게 등에 납품된 히구치 상점의 멘타이코는 한반도를 드나드는 일본인들에게 '조선 별미 특산물'로 인기리에 팔렸다. 입소문을 타고 일본 본토에서 수요가 늘자, 한국산 명란젓은 냉동 상태로 대한해협을 건너 열도 곳곳으로 퍼져나간다. 통계상 첫 기록인 1914년엔 연간 대일 수출량이 130톤(총 생산량 233톤, 총 수출량 140톤)이었는데, 7년 뒤인 1921년에는 1,296톤(총 생산량 1406톤, 총 수출량 1,349톤)으로 10배 가까이 늘었다. 이후 한국 명란젓의 90% 이상이 일본에서 소비됐다. 일제강점기중 최대 규모였던 1941년의 연간 생산량은 무려 6,901톤을 기록했다. 이에 따라 히구치 상점의 규모도 커졌다. 부산 본점에는 일본에서 건너온 히구치 일가의 친척등 10여 명이 근무했다. 명태 어장이 위치한 원산에는지점을 마련해 명태잡이 어선 3~5척을 운용하며 원료

---

12 1905년 시모노세키와 부산을 잇는 간후關釜연락선, 경성과 부산을 잇는 경부선이 개통되면서 도쿄, 시모노세키, 부산, 경성까지 한반도와 일본 열도를 연결하는 교통망이 구축됐다.

를 직접 조달했다. 원산 지점에는 일본인 매니저와 한국인 어부, 명란젓 제조 노동자 등 약 30명이 근무했다고 한다.[13]

명란젓 무역이 이처럼 호황을 이루자 제조업체도 속속 등장했다. 일본의 근현대 시각 자료 사이트 재팬 아카이브[14]에는 1915년 도쿄에서 판매된 한국산 명란젓 가라스미からすみ(건조식품)[15]의 포장지와 일러스트가 게시돼 있는데, 히구치 상점의 것이 아니다. 제조 및 발매원은 경성의 대형 유통업체인 해시海市 상회,[16] 판매처는 도쿄의 가지마야加嶋屋 상점이다. 해시 상회의 명란젓 가라스미 제조 공장은 경성의 동사헌정東四軒町, 지금의 장충동 1가에 있었던 것으로 나온다. 포장지엔 '조선 특산'이라 명기했다. 당시만 해도 도쿄 사람들에게 명란젓이 익숙하지 않았기 때문인지 상품에 대한 설명을 꽤나 장황하게 늘어놓고 있다.

---

13 今西一 외 1명, 앞의 책.

14 ジャパンアーカイブズ, 1850년 이후 방대한 양의 일본 근현대 사진 자료를 게시 및 판매하고 있으며, 사단법인이 운영한다. jaa2100.org

15 어란을 소금에 절인 뒤 건조시킨 일본 음식.

16 일제강점기에 경성 본정(명동, 충무로 일대)에서 운영된 조선 토산품 상점.

이 상품은 조선의 특산물인 멘타이(명태)의 알을 정제해 만든 것으로, 조선에서는 마치 내지(일본)의 가즈노코数の子(말린 청어알, 일본의 설 음식)처럼 경사스러운 날의 요리엔 반드시 이것을 올리는 것이 예법인데, 맛이 대단히 좋으며, 사케나 맥주의 안주로는 더할 나위 없이 좋다. (…) 맛이 변하거나 부패할 염려가 없으니 여행할 때 가지고 다니면서 먹기에도 적합하고, 하물며 식사에 제공하면 식욕을 동하게 하여 체내에서 영양을 증진시키는 효과까지 내니 (…)

일본은 메이지 유신 이후 근대화를 진행하며 맹목적인 '탈아입구脱亜入欧' 사상과 인종차별주의에 빠졌다. 서양 문물은 우월하고 동양 문물은 낙후된 것으로 취급했다. 식문화도 그랬다. 백인처럼 체구가 커지려면 그들과 똑같은 음식을 먹어야 한다며 국가 차원에서 국민들에게 양식을 장려했다. 당시 일본인의 시각으로는, 식민지 조선의 전통음식은 미개인의 먹거리였을 것이다. 실제로 한국인을 차별할 때 김치나 마늘 냄새가 난다는 둥 한국 음식을 들먹이며 타박하는 경우가 적지 않았다. 그런데도 조선의 가난한 어민들이 먹던, 어촌의 남루한 서민 음식인 멘타이코 앞에선 콧대 높은 제국주의적 미식 관념도 무너진 모양이다. 맛이 대단히 좋고 영양도 풍부한 조선 특산물이라며 극찬을 아끼지 않았다. 그런데 일본인들의 입맛을 사로잡은 한국 명란젓이 일본 땅에서 사라진다. 명란젓 공급처인 한국이 독립을 한 것이다.

맛의 명태자, 멘타이코가 탄생하다

1945년 제2차 세계대전에서 일본은 연합군에 패했다. 한반도 남쪽엔 미군정이, 북쪽엔 소蘇군정이 들어서면서 35년의 일제 식민 통치가 종식됐다. 한반도에 살던 75만 3,000여 명의 일본인은 갑자기 본국으로 돌아가야 했다. 괴뢰국가인 만주국의 약 82만 명, 또 다른 식민지인 타이완의 약 50만 명 등 일제의 비호를 받으며 일본 밖의 점령지에서 생활하던 약 660만 명의 일본인 역시 같은 신세가 됐다. 이들 중에는 식민지 조선 땅에서 태어난, 고향이 경성이나 부산인(대부분 수도권과 경상남도의 일본인 거주지에 살았다) 사람들도 많았다. 1913년 부산에서 태어나 학창시절을 보낸 뒤 만주에서 직장생활을 한 가와하라 도시오川原俊夫도 그중 한 명이다. 그는 인천이 고향인 일본인 아내와 함께 32세 때 일본 후쿠오카로 이주한 뒤 자그마한 구멍가게 후쿠야ふくや를 차렸다.

가와하라는 부산 초량동의 일본인 동네에서 일본인

들과 어울려 자랐다. 그래도 '부산 사람'이었으니 한국 음식을 접할 기회는 자주 있었던 모양이다. 평소 한국식으로 고춧가루와 마늘을 듬뿍 넣은 매운 명란젓을 무척이나 좋아했다고 한다. 하지만 일본에 간 뒤로는 명란젓을 맛볼 수 없게 된다. 한일 양국이 수교를 맺은 1965년까지 20년 동안 두 나라의 교류가 사실상 중단됐기 때문이다. 일제강점기에 멘타이코 사업을 크게 벌였던 부산 히구치 상점의 히구치 일가는 한국이 독립한 뒤 일본으로 옮겨 가 농사를 지으며 명란젓과 아무 상관없는 여생을 보냈다. 사 먹을 방법이 없자 가와하라 부부는 집에서 직접 한국식 매운 명란젓을 담가 먹기에 이른다.

그런데 당시 후쿠오카에는 이들처럼 한반도에서 태어나 자란 일본인들이 많이 살고 있었다. 부산 출신의 일본인 이웃들은 가와하라의 집에 놀러왔다가 명란젓을 먹어보곤 추억의 맛이라며 반겼다. 이를 본 가와하라는 1949년 자신의 가게 후쿠야에서 '아지노 멘타이코味の明太子(맛의 명태자)'란 상품명으로 수제 명란젓을 팔기 시작한다. 하지만 판매 초기만 해도 매출이 부진했다. 짠맛과 단맛을 선호하는 일본인들은 고춧가루의 칼칼한 맛과 마늘의 알싸한 향을 꺼렸기 때문이다. 맛은 있는데 너무 맵고 짜서 자극적이라며 물에 씻어 먹는 이들도 있었다고. 이에 가와하라는 10여 년에 걸쳐 일본인

입맛에 잘 맞는 순한 맛의 일본식 명란젓을 개발했다. 매운 고춧가루 대신 발색제를 넣어 명란젓 특유의 붉은 빛깔을 내는 식으로 말이다. 이것이 '조미액형 가라시 멘타이코調味液型 辛子明太子'다.[17]

이렇게 만든 '아지노 멘타이코'가 빛을 보기 시작한 건 1960년대에 들어서다. 이즈음 후쿠오카는 규슈의 산입 중심지이자 교통의 요지로 부상하며 유동인구가 크게 늘었다. 여기에 고도 경제성장 여파로 관광업과 토산품 산업이 발달하면서, '아지노 멘타이코'는 후쿠오카의 대표적 특산물로 유명해진다. 특히 1975년 후쿠오카 하카타 역에 신칸센이 개통되자 멘타이코는 '하카타 명물'로 전국에 널리 알려진다. 유통 기술의 발달로 도쿄, 오사카 등 대도시 백화점에 신선한 냉장 멘타이코가 납품된 것에 이어 택배를 활용한 통신 판매, 온라인 판매까지 가능해지면서 전국 각지로부터 주문이 쇄도한다. 그 결과, 작은 식료품 가게로 출발한 후쿠야는 연 매출액 146억 엔(2018년 기준)에 종업원 650여 명 규모의 중견기업으로 성장했다. 오늘날 후쿠오카에선 이 회사를 모

---

17 기존의 명란젓은 명란에 소금, 고춧가루, 조미료 등을 한꺼번에 넣어 숙성시키는 방법으로 제조됐는데, 후쿠야의 조미액형 가라시 멘타이코는 소금에 절인 명란을 탈염해 짠맛을 줄이고 조미액에 절이는 방식으로 만들어졌다.

일본식 명란젓인 멘타이코. 매운맛이 익숙지 않은 일본인들은 고춧가루
대신 발색제로 붉은색을 입혔다.

르는 사람이 없을 정도라고 한다.

명란젓을 향한 가와하라 도시오의 끈질긴 집념과 성
공 이야기는 일본 매스컴에서 여러 차례 다뤄지기도 했
는데, 그의 아들인 다케시川原健가 2013년 1월 부친의 탄
생 100주년을 기념해 책으로 엮은 바 있다.[18] 후쿠오카
현의 지역 방송사인 TNC는 이 책을 원작으로 같은 해 8
월 특집 드라마 〈멘타이 삐리리めんたいぴりり〉[19]를 제작해

---

18 《明太子をつくった男: ふくや創業者·川原俊夫の人生と経営》
19 일본어에서 '삐리리ぴりり'는 매운 음식을 먹고 혀가 얼얼해진
　　느낌을 표현하는 단어다.

방영한다. 부산에서 현지 촬영도 진행했다. 드라마가 호응을 얻자 방송사는 2015년 속편인 <멘타이 삐리리2>를 선보였다. 아울러 같은 해에 연극 <멘타이 삐리리>도 상연된다. 이어 2019년 1월엔 영화 <멘타이 삐리리>가 일본 극장가에서 개봉됐고 같은 해 4월 연극의 속편이 개막되는 등 '원 소스 멀티 유즈' 마케팅의 정석을 제대로 보여주고 있다. 멘타이코가 음식 분야뿐 아니라 일본 문화계의 영상 및 공연 콘텐츠 소재로 쓰일 정도로 대세라는 증거다.

명란젓의 인기 척도를 가늠할 수 있는 또 하나의 사건이 있는데, 후쿠오카와 홋카이도 사이에 벌어진 '원조 전쟁'이다. 1970년대 중반 멘타이코가 '하카타 명물'로 유명해지자, 홋카이도의 판매업자들이 '홋카이도 명물'을 자처하며 맹렬히 반발했다. 규슈에서는 명태가 잡히지도 않는데 어째서 '하카타 명물'로 마케팅을 하느냐는 불만이었다. 당시 홋카이도의 명란젓 업계는 인근 해역에서 잡힌 명태를 활용한다는 점을 내세워 멘타이코의 본거지는 홋카이도라고 주장했다. 하지만 하카타 멘타이코의 맛이 워낙 좋았기 때문에 이 전쟁은 후쿠오카의 승리로 끝이 났다고.[20] 정작 명란젓의 발상지인 한국 입

---

20 藤井正隆, ≪感動する会社は、なぜ、すべてがうまく回っているの

장에서 보면 일본 내에서 자기들끼리 이런 싸움을 벌인 게 황당할 따름이다.

물론 한국과 일본 사이에도 명란젓을 둘러싼 미묘한 신경전이 벌어지고 있다. 2019년엔 일본의 한 유명 유튜버가 명란젓 퓨전 음식을 먹는 영상에서 "멘타이코는 일본 음식인데도 양식에 잘 어울린다"는 말을 했다가 논란을 일으켰다. 한국인 이용자들은 "멘타이코의 원조는 한국 명란젓"이라며 댓글로 거세게 항의했다. 이 소식은 한국 미디어에 보도될 정도로 파장이 꽤 컸다. 하지만 일본에선 멘타이코가 한국 명란젓을 참고해서 일본식으로 재탄생한 일본 음식이라는 시각이 적지 않은 분위기다. 이와 관련해 후쿠야의 5대 계승자인 가와하라 다케히로川原武浩 사장은 2017년 카우TV[21]와 가진 인터뷰에서 다음과 같이 밝힌 바 있다.

설명하려면 복잡하긴 한데요. 원래 '명란젓'이라고 하는, 명태의 알을 염장한 음식이 한국에 있습니다. 그런데 이건 지금의 멘타이코와는 닮은 듯 닮지 않은 식감과 맛입니다. 짜고 매우면서 명란이 알알이 살아 있지

か?》, マガジンハウス, 2011.

21 일본의 기업 취재 전문 인터넷 방송사. 경영자 인터뷰, 기업 경영전략 등을 주요 콘텐츠로 다룬다.

300 / 301

않고 흐물흐물한 느낌이라서……. 그것을 변형해서, 만드는 방식도 제법도 전부 바꿔 만들어진 것이 지금의 '아지노 멘타이코', 일본의 가라시 멘타이코입니다. 복잡해진 게, 이 가라시 멘타이코를 한국 분들이 맛있어했던 건지, 일본의 가라시 멘타이코가 그쪽(한국)으로 넘어가서 원래의 '명란젓'이 거의 사라져버렸습니다. 그래서 한국 분들은 "멘타이코는 원래 한국에 있었던 음식이죠?"라고 말합니다만, 그렇지는 않습니다. 원형이 된 것은 분명히 그쪽(한국)에 있었습니다만, 변형된 것이 다시 그쪽(한국)으로 넘어가게 됐으니까요.

후쿠야 사장의 인터뷰 영상을 보면서, 요코하마에서 멘타이코 스파게티를 처음 먹은 날 현지인 친구들과 명란젓이 어느 나라 것이냐를 두고 얘기를 나눈 기억이 떠올랐다. 역시 아는 것이 힘이다. 조선시대에 함경도와 강원도 어민들이 먹었던 전통 명란젓에 대한 더욱 체계적이고 세심한 연구와 메뉴 개발이 필요하지 않나 싶다. 전 세계적인 일식 붐을 타고, 멘타이코가 독특한 매력의 일본 음식으로 홍보되는 현실을 보면 더욱 그런 생각이 든다.

전통음식은 민족 유산이다. 그 사실 자체만으로도 보전하고 발전시켜야 할 당위성과 가치가 있다. 그런데 지금은 관광과 무역이 성행하면서 민간교류를 통해 외화가 국경을 마구 넘나드는 글로벌 시대다. 전통음식은 이제 돈이 된다.

멘타이코 햄버거, 멘타이코 콜라,

멘타이코 아이스크림?

명란젓은 그 자체로 완성된 밥반찬이지만, 다양한 음식의 재료로도 활용된다. 한식에는 명란젓으로 끓인 알탕과 순두부찌개, 명란젓 계란말이와 계란찜 같은 요리들이 있다. 그런데 요리 활용도 면에서는 일본 쪽이 훨씬 무궁무진하다. 명란젓이 대중적으로 큰 사랑을 받으면서 일찌감치 상품화가 잘 이뤄진 결과다.

앞서 언급한 멘타이코 스파게티가 대표적이다. 이 음식은 이탈리아 스파게티에 한국 명란젓을 결합시킨 일본 퓨전 요리다. 도쿄 신주쿠의 파스타 전문점 '가베노 아나壁の穴'(1953년 개업)가 1960년대에 선보인 다라코たらこ[22] 스파게티를 참고해 비슷한 식감의 멘타이코가 쓰이게 된 것으로 보인다. 멘타이코 스파게티의 유래에 대해선 정확히 알려진 바가 없으나, 1980년대 '이타메시イ

22　명태나 대구 알을 소금에 절인 일본 음식.

멘타이코 파스타는 일본 편의점 어딜 가든 찾아볼 수 있는 간편식 메뉴이기도 하다. 잔치국수 위에 달걀지단을 올리듯이, 가늘게 썬 김을 꼭 올린다.

夕飯 붐'[23]을 계기로 유행하기 시작했다고 한다. 일본의 유명 디자이너 모리 하나에森英惠는 1982년 주간지 《슈

---

23 '이타메시'란 '이탈리아 밥'이란 뜻의 일본어 '이타리아 메시' 를 축약한 말이다. 버블 경제 절정기인 1980년대 일본에서는 직장인들의 주머니가 두둑해지면서 고급문화 향유 트렌드 가 번졌다. 식문화에서도 이런 경향이 두드러졌는데, 정통 프 랑스 요리는 워낙 가격이 비싸 호황기였던 당시에도 상류층 이 주로 먹은 반면, 이탈리아 요리는 상대적으로 저렴해 중산 층이 선호했다. 이에 스파게티, 피자 등 이탈리아 음식이 크게 유행했는데, 이를 가리켜 '이타메시 붐'이라 부른다.

칸아사히週刊朝日≫에 연재한 칼럼 <나의 교유록私の交遊録>에서 멘타이코 스파게티 레시피를 소개한 바 있다. 일본 식품회사 S&B가 간편식 파스타 소스 '나마후미 가라시 멘타이코生風味 からし明太子'를 선보인 건 1988년이다. 이즈음 멘타이코 스파게티가 외식은 물론, 가정식으로 해 먹을 정도로 대중적인 요리가 됐다는 사실을 알 수 있다.

명란젓은 이자카야의 안주로도 다양하게 쓰인다. 날것 그대로나 버터에 살짝 구운 것 등을 내놓는데, 내가 먹은 것 중에서 으뜸으로 꼽고 싶은 건 '멘타이코 카쓰明太子カツ'다. 교토京都를 여행할 때 교토역에서 멀지 않은 곳에 위치한 '구라쿠라蔵倉'라는 술집에 이 안주가 있었다. 큼직한 명란젓에 밀가루, 달걀, 빵가루를 골고루 묻혀 뜨거운 기름에 튀겨낸다. 돈카쓰豚カツ(돈가스)와 흡사한 모양이다. 튀김이야 늘 옳긴 하다. 겉의 튀김옷은 바삭바삭 씹히고, 속의 명란젓은 딱 먹기 좋게 익어 감칠맛이 진했다. 명란젓의 짠맛이 다소 자극적이긴 한데, 시원하고 쌉싸름한 생맥주의 파트너로 그만한 게 없었다.

멘타이코 바게트 역시 빠지면 섭섭하다. 요즘 한국 빵집에서도 '명란 바게트'라는 이름으로 팔리는데, 일본에선 보통 '멘타이 프랑스明太フランス(멘타이 후란스)'라고 불린다. 후쿠오카의 빵집 '후루후루フルフル'가 2001년 지역 명물인 멘타이코를 활용해서 개발한 신제품에 '멘타이 프랑스'란 이름을 붙인 게 계기다. 바게트를 갈라서 그 사이에 멘타이코가 섞인 버터를 발라 만든다. 후쿠야의 멘타이코처럼 발매 초기엔 이 바게트도 반응이 시원치 않았다. 영 낯선 조합인데다 바게트 자체가 크고 딱딱해서 먹기 힘들었던 탓이다. 하지만 매장에서 한 입 크기로 잘라 제공하자 맛있다는 입소문이 퍼지면서 순식간에 유명해졌고, 모방품이 일본 전국 빵집과 편의점으로 확산됐다. 지금은 하루 1,800개가 팔리는 등 줄 서서 사 먹는 빵이다. 일본에선 더욱 개량된 멘타이코 바게트도 속속 나오고 있는데, 나는 '멘타이코 포테이토'를 먹어봤다. 관광지인 오키나와沖縄의 유명 베이커리 '빵 드 카이토Pain de Kaito'의 멘타이코 바게트다. 후쿠오카산 명란젓으로 양념한 감자 샐러드를 바른 것으로, 짭조름한 명란젓과 담백한 감자가 궁합이 잘 맞았다.

이 밖에도 멘타이코 삼각김밥, 멘타이코 감자 샐러드, 멘타이코 우동, 멘타이코 몬자야키,[24] 멘타이코 볶음밥, 멘타이코 숙주 수프, 멘타이코 참마 소바, 멘타이코 야

---

24 몬자야키もんじゃ焼き는 고기, 채소, 해물 등을 묽은 밀가루 반죽에 버무려 철판에 구운 일본 간토 지방의 요리로, 오코노미야키お好み焼き와 비슷하나 수분이 더 많다.

한국에서도 낯설지 않은 명란 바게트. 일본에서는 편의점에서도 찾아볼
수 있을 만큼 대중적인 빵이다.

멘타이코는 일본식 매실장아찌인 우메보시와 함께 주먹밥 속재료로 곧잘 쓰이곤 한다.

키소바, 멘타이코 라멘, 멘타이코 왕만두, 멘타이코 샌드위치 등 명란젓을 넣은 음식 종류는 무척 다양하다. 이런 유행에 힘입어 일본 가공식품 역시 멘타이코 풍미에 푹 빠져 있다. 과자류 중 최근 화제작들만 살펴봐도 멘타이코 쌀강정, 멘타이코 바움쿠헨 스틱, 멘타이코 스낵, 멘타이코 러스크, 멘타이코 감자칩 등 각 제조사마다 신제품이 쉴 새 없이 쏟아져 나오고 있다. 명란젓과 마요네즈를 혼합한 멘타이코 마요를 비롯해 멘타이코 간장, 멘타이코 버터 같은 소스류도 인기가 높다.

도전 정신이 돋보이는 것들도 눈에 띈다. 최근 일본 외식업계에는 멘타이코 마요네즈를 활용한 새우 버거나 멘타이코를 통째로 넣은 햄버거, 멘타이코 탄산음료, 멘타이코 아이스크림 등이 잇달아 등장했다. 아무래도 비릿한 감이 있는 명란젓을 이런 의외의 식품에 넣는 건 화제성을 노린 목적이 다분하다. 젊은 세대에게 친숙한 음식으로 다가가려는 마케팅 전략이다.

속초 시장에서 만난 매콤한 양념 명란젓

한자 '명明'은 일본어 음독으로 대개 '메이', '민', '묘'라고 읽는다. '멘타이明太'의 '멘明'이 별스런 발음이다. 이를 두고 일각에선 명태의 경상도 사투리인 '맹태'로부터 '멘타이'란 발음이 유래했을 것이라고 추정한다. 한국 명란 젓을 일본에 전래한 히구치 상점이 부산에 있었으니 제법 그럴 듯한 유추다.

그런데 명태는 한국어에서도 별스런 생선 이름이다. 보통 끝 글자가 '~어'(고등어, 청어, 상어, 연어, 숭어, 민어, 장어, 잉어, 붕어, 문어 등), '~치'(갈치, 삼치, 참치, 꽁치, 날치, 곰치, 멸치, 쥐치, 가물치 등), '~리'나 '~이'(정어리, 양미리, 가오리, 다금바리, 부시리, 벤자리, 전갱이, 쏨뱅이 등)인 경우가 많기 때문이다. 명태의 어원에 대해선 여러 주장이 혼재하는데, 1871년 발간된 이유권의 《임하필기 林下筆記》[25]에 소개된 내용이 널리 알려져 있다.

명천明川에 태太씨 성을 가진 어부가 있었는데, 이름 모를 물고기를 낚아 주방 일을 맡아보는 관리로 하여금 도백(道伯, 조선의 지방 관리인 관찰사)에게 바치게 하였던 바, 도백이 이를 아주 맛있게 먹고 그 이름을 물으니 아무도 알지 못하였다. 다만 이 물고기는 태씨 어부가 잡은 것이니, 도백이 이를 명태(明太, 명천의 태씨)라고 하는 것이 좋겠다고 말하였다. 이후 이 물고기가 대

---

25 조선 말기의 문신 이유원이 조선과 외국의 정치, 경제, 문화 등 여러 방면에 관한 각종 지식과 자신의 의견을 서술한 책.

단히 많이 잡혀 전국에 넘쳐났다. 이를 북어北魚라고 부르게 되었다.

명천은 함경도에 속한 지역으로 동해에 접해 있다. 북한의 핵 실험장이 위치한 풍계리에서 멀지 않은 곳이다. 이 일대 근해에선 조선 시대에 명태가 넘치도록 잡혔다. 더구나 명천 태씨의 본관이며, 이 가문의 집성촌이 있는 고장이다. 아버지 고향이 명천군이었다는 태영호 전 주住영국 북한 대사도 자신의 책 《3층 서기실의 암호》(기파랑, 2018)에서 "나의 친가는 명태의 어원이 된 '명천의 태 서방' 집안인 셈이다. 명천의 태 서방이 물고기를 잡아 왕에게 진상한 데서 명태라는 이름이 유래했다는 이야기다"라고 적은 바 있다. 이런 사실들을 종합해보면, 《임하필기》의 명태 어원설도 제법 그럴싸한 유추다.

명천에서 좀 더 남쪽으로 내려오면 원산이 있다. 일본 멘타이코의 시작점인 곳이다. 앞서 살펴본 것처럼, 히구치 이즈하는 원산 어민들의 밥상에 오른 명란젓에서 상품화 아이디어를 얻었다. 원산장은 조선 명태 유통의 요람이기도 했다. 시대를 앞서간 가곡으로 유명한 '명태'(1952년)[26]에도 원산이 주요 집산지였음을 알 수 있

26 함경남도 함흥 출신의 대학생 변훈(졸업 후 외교관이 됐다)

양양 남애항 인근의 앞바다. 이 아름답고 청명한 바다에 명태가 다시
돌아올 수 있을까?

6장 / 명란젓, 한국에서 일본으로

는 가사가 나온다.

검푸른 바다, 바다 밑에서

줄지어 떼 지어 찬물을 호흡하고 길이나 대구리가 클
대로 컸을 때

내 사랑하는 짝들과 노상 꼬리 치고 춤추며 밀려다니다
가

어떤 어진 어부의 그물에 걸리어 살기 좋다는 원산 구
경이나 한 후

에지프트(이집트)의 왕자처럼 미이라가 됐을 때

어떤 외롭고 가난한 시인이 밤늦게 시를 쓰다가 쇠주를
마실 때

크~

그의 안주가 되어도 좋다. 그의 시가 되어도 좋다.

짝짝 찢어지어 내 몸은 없어질지라도 내 이름만 남아
있으리라.

명태~ 헛헛허허! 명태라고~ 헛헛허허! 이 세상에 남아
있으리라

이 한국전쟁 중 피난지 대구에서 양명문의 시를 받아 작곡한
가곡. 당시로서는 파격적이었던 노래 구성이나 가사 때문에
무대에 처음 오른 1952년에는 혹평을 받았다.

어부에게 잡힌 명태가 미라(북어)가 되기 전에 구경하는 살기 좋은 곳이 원산이다. 이처럼 명태와 명란젓 얘기에 빠질 수 없는 명천과 원산인데, 지금은 둘 다 한국인이 갈 수 없는 곳이다. 한국의 명란젓과 일본의 멘타이코는 많이 먹어봤지만, 살면서 북한의 명란젓은 구경조차 해본 적이 없다. 명란젓에 대해 이러쿵저러쿵 글을 쓰다 보니 먹성이 동했다. 이 음식의 역사적 장소인 두 고장의 명란젓 맛이 몹시도 궁금해졌다. 그래도 명란젓 먹겠다고 월북할 수는 없는 노릇. 대신 양양으로 향했다. 아내도 동행했다.

양양은 원산에서 멀지 않은 영동의 북쪽 해안 지역이라 옛날엔 명태가 꽤 잡혔다. 히구치 상점이 멘타이코를 처음 팔던 곳이기도 하다. 마침 서울 대기엔 열흘 넘도록 뿌연 미세먼지가 들러붙어 있던 터라 답답한 숨통도 터주고 싶었다. 장장 11킬로미터의 인제양양터널을 지나자 거짓말처럼 세상이 깨끗해졌다. 병풍처럼 우뚝 솟은 태백산맥이, 중국에서부터 떠밀려 와 며칠이고 쌓인 서쪽의 미세먼지를 막아준 것이다. 실로 오랜만에 보는 새파란 하늘에 감격스러웠다.

양양 남애항에 도착해 해변을 걸었다. 동해의 신선한 바닷바람에 명태와 가오리를 건조시키고 있는 작은 덕장이 나타나 잠시 구경했다. 명태들이 북어가 되기 위해 명란과 내장이 죄 털린 뱃속을 앙상하게 드러낸 채 턱이 꿰어 줄줄이 엮여 있다. 처연하다. 그래도 맛있는 명란젓과 명태 요리는 먹고 싶어지니, 인간의 식욕이란 참 잔인하다. 아쉽게도 남애항 주변에선 명란젓을 찾지 못했다. 검색을 해보니 속초관광수산시장에 수산물이 다양하다고 나와서 그곳으로 향했다. 과연 시장엔 젓갈 가게가 가득했는데, 진열대마다 명란젓은 꼭 있었다. 돌아다니면서 가게 주인들에게 물어보니 예상대로 다 러시아산 명란으로 만든다고 했다. 한국산은 언제 팔아봤는지 기억도 안 난다면서. 뭐, 대양을 자유로이 일주하는 명태에 국적이 따로 있겠느냐만…….

젓갈 진열대에는 익히 먹어본 매끈한 명란젓과 함께 시뻘건 양념 속에 김치처럼 푹 담긴 것들이 나란히 놓여 있었다. '양념 명란젓'이란다. 내가 명란젓으로 알고 있던 종류는 '저염 명란젓'이나 '백명란'으로 불리고 있었다. 시식을 해서 맛을 비교해봤다. 양념 명란젓은 고춧가루, 마늘 등으로 만든 양념으로 범벅을 해서 화끈한 맛과 향이 혓바닥과 콧속을 쩽하게 때린다. 염도도 무척 높다. 주인은 "젊은 분들은 저염을 많이 사 가고, 나이 좀 드신 분들이 양념을 좋아해요. 양념 명란젓이 진짜 맛있는 젓갈인데"라며 양념 쪽을 권했다. 2~3년 전부터 흰머리 솎아내기를 포기했으니 더 이상 '젊은' 축에 끼진

젓갈 가게 진열대에 놓여 있는 양념 명란젓. 첫맛은 맵고 짜지만 자꾸
구미를 당기는 묘한 매력이 있다. 김치처럼 마늘과 고춧가루로 범벅을

6장 / 명란젓, 한국에서 일본으로

한 시뻘건 국물에 푹 담근 전통 방식의 양념 명란젓도 있는데, 맛이 훨씬 진하다.

못하겠지만, 내 입맛엔 너무 자극적이다. 아내도 "맵고 짜다"며 손을 내저었다. 아마 난해卵醢라 불렸던 조선 어민들의 전통 명란젓이 그와 비슷한 맛 아니었을까. 훨씬 순하고 담백한 저염 명란젓이나 백명란은, 일본에서 그들 입맛에 맞게 개량한 멘타이코와 비슷할 테고. 어쨌든 우리가 산 건 저염 명란젓 한 통. 서울의 마트에서 파는 것에 비하면 같은 값에 양이 4~5배는 족히 돼 보였다.

그런데 이상했다. 다음 날 서울로 돌아오는 차 안에서 전날 시식한 양념 명란젓의 선정적인 맛이 자꾸만 생각나는 것이다. 벌건 양념이 잔뜩 묻은 명란젓에 고소한 참기름 살짝 둘러 흰쌀밥에 쓱쓱 비벼 먹으면 다른 반찬 없이도 맛깔스런 한 끼가 될 듯했다. 아쉬웠다. 첫인상이 너무 강렬해서 부담스럽긴 했지만 전통 명란젓에는 나름의 농염한 매력이 분명히 있다. 애초에 제국주의 점령자들로 하여금 식민지 어촌의 가난한 반찬을 탐식하게 만들고, 가깝고도 먼 대한해협을 건너 열도 식문화에 깊숙이 뿌리를 내리게 한 저력도 바로 그 원초적인 젓갈 맛에서 비롯된 게 아닌가. 입안에 도는 군침을 꿀꺽 삼킨 나는 아내에게 말했다.

"다음에 속초 가면 양념 명란젓 꼭 사 오자."

에필로그

"Alone we can do so little; together we can do so much(혼자서는 할 수 있는 게 별로 없지만, 함께라면 할 수 있는 게 아주 많다)."

헬렌 켈러가 한 말입니다. 잘 아시는 것처럼, 그녀는 볼 수도 들을 수도 없었습니다. 그럼에도 사람들의 마음을 움직여 세상을 바꾸는 일을 해냈죠. 앤 설리번처럼 곁에서 힘을 보탠 이들이 있기에 가능했던 기적입니다. '함께'가 아닌 '혼자'였다면, 켈러는 암흑과 적막에 갇혀 꿈을 이루지 못했을 것입니다. 그녀가 겪은 현실을 고려하면 진정성이 한층 와닿는 명언입니다. 그런데 이 말, 지금 우리 인류 공동체에게 가장 절실한 한마디가 아닐까 싶습니다.

이 책의 초고를 출판사에 전달하던 날, 한국에서는 코로나19 첫 확진자가 발생했습니다. 그때만 해도 사스, 신종 플루, 메르스 등 앞서 발현한 다른 호흡기 전염병들처럼 이 또한 시간이 해결해주리라 기대했습니다. 하지만 계절이 세 번 바뀌어 책 편집 과정이 끝나고 출간을 눈앞에 둔 지금까지도 이 몹쓸 바이러스는 전 세계 곳곳에서 극성을 부리는 중입니다. 매일 수많은 사람들이 목숨을 잃어가고, 파괴된 인류의 일상은 복구되지 못하고 있죠. 코로나19 바이러스는 변이가 심해 감기처럼 영원히 주변에 머물 수 있다는 절망적인 전망까지 나옵니다. 코로나19 이전과 이후로 인류의 삶이 달라질 것은 명백해 보입니다.

이러한 전대미문의 위기 속에서는 헬렌 켈러의 말처럼 '혼자'가 아닌 '함께'의 능력이 더욱 진가를 발휘합니다. 전염을 막기 위해 물리적 거리는 둘지언정, 머리와 머리를 맞대고 마음과 마음을 모아 서로의 힘을 보탠다면 인류를 급습한 공통의 난제도 하나씩 실마리를 풀어갈 것입니다. 그런데 그게 말처럼 쉽지만은 않은 모양입니다. 사람들의 몸속에 질병을 퍼뜨린 코로나19가 마음속에는 불신과 혐오를 전염시킨 탓입니다. 몇몇 나라의 정부는 국제 공조를 저버리고 병의 심각성을 숨기거나 책임 공방에 열을 올리며 자국이기주의 확산에 불을 붙였습니다. 그런가 하면 사람들 사이에서는 마스크 착용 여부를 둘러싼 갈등으로 살인이 벌어지는 지경에 이르렀죠.

특히 유럽이나 미국에서는 한국인 등 아시아계를 애

꽃은 분풀이 대상으로 삼는 인종차별이 심각해졌습니다. 동양인을 싸잡아 '코로나'라 부르거나 폭행하는 사건이 대낮 길거리에서도 버젓이 발생한 것입니다. 단지 민족이나 인종만으로 인간에 대한 모멸과 차별을 당연시하던 제국주의 시대의 무지몽매가 되살아나는 듯합니다. 더구나 가해자의 상당수가 과거 제국주의 희생양의 후손이자 제노포비아의 굴레에서 여전히 자유롭지 못한 흑인이라는 사실에 더욱 경악하게 됩니다.

이 책은 유럽인의 식탐이 빚어낸 제국주의를 거치며 지배자의 입맛을 정복한 피지배자 미식의 역제국주의를 살펴보자는 취지에서 출발했습니다. 불행한 과거를 딛고 인종이나 민족을 떠나 인류 공동체로서 다함께 그 참맛을 나누고 만끽하는 세상이 오기를 희망하며 글을 쓰기 시작했습니다. 그런데 책이 완성되는 동안 코로나19로 분열과 대결이 외려 심화되는 광경을 마주하게 되어 참담한 심정입니다. "혼자서는 할 수 있는 게 별로 없지만, 함께라면 할 수 있는 게 아주 많다"라는 말의 교훈을 되새기며, 더 늦기 전에 공존의 길이 열리기를, 그래서 이 책이 소개한 여섯 가지 음식이 인류 화합의 만찬에 오를 수 있기를 희망합니다.

이야기를 바꿔서, 켈러의 말은 이 책이 완성되기까지의 과정에도 딱 들어맞는 표현입니다. 자료를 수집하고,

사진을 촬영하고, 인터뷰를 하고, 편집을 하는 동안 많은 분들로부터 도움을 받았습니다. 덕분에 혼자 해결할 수 없었던 과제를 풀고 무사히 책을 출간하게 되었습니다. 이 공간을 빌려 고마운 마음을 전합니다.

Special thanks to H.E Chafiq Rachadi, Ambassador of His Majesty the King of Morocco and Ms. Lalla Hind Drissi Bourhanbour of Embassy of the Kingdom of Morocco, Ms. Yaroslava Velyka of Embassy of Ukraine, Mr. Yurii Kovryzhenko, Ms. Andrea Németh of Hungarian Cultural Centre London, Ms. Zsuzsanna Muhari and Mr. Imre Horváth of Association of Hungarian National Values and Hungarikums, Swami Vivekananda Cultural Centre Seoul, VITO Korea.

따비의 박성경 대표와 신수진 편집장, 삶의 동반자이자 든든한 버팀목이 되어주는 아내, 늘 제 편에서 응원해주신 어머니를 비롯한 여러 은인께도 감사를 전합니다.

2020년 9월

남원상

지배자의 입맛을 정복하다

여섯 가지 음식으로 본 입맛의 역제국주의

초판 1쇄 발행 2020년 9월 20일

지은이 남원상

펴낸곳 도서출판 따비
펴낸이 박성경
편집 신수진
디자인 서주성

출판등록 2009년 5월 4일 제2010-000256호
주소 서울시 마포구 월드컵로28길 6(성산동, 3층)
전화 02-326-3897
팩스 02-6919-1277
메일 tabibooks@hotmail.com
인쇄·제본 영신사

ISBN 978-89-98439-84-2 03900
값 18,000원

이 도서의 국립중앙도서관 출판예정도서목록(CIP)은 서지정보
유통지원시스템 홈페이지(http://seoji.nl.go.kr)와 국가자료종합목
록 구축시스템(http://kolis-net.nl.go.kr)에서 이용하실 수 있습니다.
(CIP제어번호 : CIP2020033563)